亲密接触

丝路国家（七）

QINMI JIECHU SILU GUOJIA

丛书主编 / 王义桅
分册主编 / 宋典　明燕

图书在版编目（CIP）数据

亲密接触丝路国家. 七 / 宋典，明燕分册主编. --北京 ：新世界出版社，2017.8（2019.6重印）
（“一带一路”读本 / 王义桅主编）
ISBN 978-7-5104-6392-1

Ⅰ. ①亲… Ⅱ. ①宋… ②明… Ⅲ. ①“一带一路”－国际合作－青少年读物 Ⅳ. ①F125-49

中国版本图书馆CIP数据核字(2017)第213647号

亲密接触丝路国家（七）

作　　者：宋　典　明　燕
责任编辑：曲衍立
责任印制：王宝根　章莹莹
出版发行：新世界出版社
社　　址：北京西城区百万庄大街24号(100037)
发 行 部：(010)6899 5968　(010)6899 8705（传真）
总 编 室：(010)6899 5424　(010)6832 6679（传真）
http://www.nwp.cn
http://www.nwp.com.cn
版 权 部：+8610 6899 6306
版权部电子信箱：nwpcd@sina.com
印　　刷：合肥华云印务有限责任公司
经　　销：新华书店
开　　本：787mm×1092mm 1/16
字　　数：65千字　　印　　张：4.5
版　　次：2017年8月第1版　2019年6月第2次印刷
书　　号：ISBN 978-7-5104-6392-1
定　　价：13.50元

前言

同学们，今天，如果你们去欧洲、非洲的国家旅游，会选择什么样的交通工具呢？

是飞机，是火车，还是豪华游轮？

不管选择哪一种，便捷高效的交通，都将远在天边的国家，变得似乎近在咫尺，也将我们的地球，变成了一个地球村。

但是，你们有没有想过，在古代，陆上丝绸之路上黄沙漫天，马儿和骆驼驮着我们的使者，一步步走向西域；海上丝绸之路上海浪翻滚，水手驾着木质的帆船，乘风破浪，历尽千辛，驶向遥远的彼方。在他们眼里，世界是那么大，路途是那么远。

是什么，让他们勇于踏上征程？他们的行囊里有什么珍贵宝藏？遥远的国度又是何等模样？

是什么，让他们拍手称奇，让他们停下脚步，沉醉在异国他乡？

又是什么，跟随着西去东来者的脚步，在异国他乡留下自己的印记，又或是落地生根，盛开文明之花？

这套书会一一为你解答。

漫漫丝路，孕育的不仅仅是一片片繁荣的乐土，还有“和平合作、开放包容、互学互鉴、互利共赢”的丝路精神。放眼今日，也许曾经喧闹的商路已经变得人迹罕至，也许曾经繁华的市镇已经变了模样，但是丝路精神，依旧长盛不衰，源远流长。它融进了21世纪“一带一路”的建设中，为古代丝绸之路注入新的活力。

假期伊始，我们的小主人公洋洋和丫丫，跟随着博学多识的卡尔叔叔，开启了一段别开生面的丝路之旅。爱好阅读的洋洋，这次不仅要读万卷书，也要行万里路了！对世界充满好奇的丫丫，在沿途又会有什么新的发现呢？

快和我们的主人公一起，去探访丝路上的秘密，看看古代丝路商旅、使者眼中的世界，感受这条千年商路的变迁。在图文并茂的阅读体验中，开阔眼界，增长知识；在“知识链接”的帮助下，排疑解难，加深理解；在“课后思考”的指引下，深入思考，探寻真知。

还等什么，快打开这本书吧！

目录

引言　失踪的丝绸宝藏

在一个月黑风高的夜晚，城门紧闭，城中的人们早已进入梦乡。一队人马从远处缓缓走来，寂静的夜晚马蹄声哒哒作响。来到城下，耳语声响起，偏门悄悄打开，人马鱼贯而入。随后城门紧闭，城中的人们依然还在梦乡。

人马经过空无一人的街道，来到了皇宫门口。皇宫之内，却是另一番景象，大臣使节，皇亲国戚，人声鼎沸，摩肩接踵，似是参加一场重要的典礼，服侍的下人比平时多了一倍多，前前后后，跑来跑去。然而热闹中不失冷静，混乱里仍存秩序，各色人等像被切开的蛋糕自然分为两块，中间是一条崭新的地毯，地毯的尽头是一把耀眼的黄金宝座，座位上坐着一位身材魁梧、面容严峻的男人，他是皇帝，这个国家的主宰。他双手紧扶宝座，深邃的目光紧紧盯着地毯的另一头，像是在迎接他梦中的妃子。

忽然间，宫门打开，几个大汉抬着一个木头箱子走了进来。箱子被稳稳地放在皇帝面前的地毯上，大臣和国戚纷纷围了上来，不知这其貌不扬的箱子里面有何玄机。

“这是来自东方的丝绸宝藏。”领头的大汉说道。

“打开它。”

大汉掏出钥匙，插入箱子的锁孔中。突然间雷声大作，一束鸣镝刺向夜空。没等人们反应过来，忽听城门守卫来报，城外一匹匹战马浩浩荡荡杀奔过来。霎时间，皇宫之内秩序大乱，人们四处逃散。皇帝身披盔甲，带领军队出城迎敌。

经过一昼夜的激战，城门告失，街道被付之一炬，奢华的宫殿破烂不堪，胜利的将军微笑着审视着自己的战利品。他快步走进皇宫，散落一地的华服还能显示出这里刚刚举办过盛大的宴会。将军环视四周，却始终无法找到那个木头箱子，将军大怒，狠狠地将佩剑摔在地上，命令部下将这座城市焚毁。

无情的大火很快吞噬了这座城市，这里的一切都从世界上消失了，包括那个木头箱子，那些丝绸宝藏。

“吧嗒吧嗒……”卡尔叔叔将幕布缓缓拉起，“好了，孩子们，影片我们就看到这里，快站起来伸伸懒腰。”

洋洋和丫丫还沉浸在刚才的影片中。“丝绸宝藏到底是什么东西？丝绸宝藏到底去了哪里呢？”丫丫还在喃喃自语。

“卡尔叔叔，那个丝绸宝藏到底是什么东西啊？为什么大家都在争夺它？”洋洋忍不住问道。

“那是一个历史之谜啊，我也不知道呢。只知道它出自中国，沿着丝绸之路运到了欧洲，但它到底是什么宝藏，最终运到了哪里，这些我都不清楚。”卡尔叔叔无奈地摊了摊手。

“那我们可以找到它吗？”丫丫睁大了眼睛，这个活泼的小女孩太想知道丝绸宝藏是什么了。

“这个……”卡尔叔叔皱起了眉头，“找起来可不是那么容易呢！”

“没关系没关系，有卡尔叔叔，还有洋洋，当然还有聪明的我，我们三个一定可以找到丝绸宝藏的。”丫丫说着说着就笑了起来。

“哈哈哈！”卡尔叔叔也被丫丫逗乐了，“要是靠‘聪明’的你啊，我们下个世纪也找不到。”

“不过我们可以试一试，沿着丝绸之路，看看丝绸宝藏到底被运往了哪里。”文静的洋洋已经开始规划探索的路程了。

哗啦！丫丫展开了一张世界地图，说：“快看看，洋洋，我们去哪里？”

洋洋扭头看着卡尔叔叔，面露难色：“故事里只说了在欧洲，那我们先去欧洲哪里呢？”

“当然是这里咯！”卡尔叔叔用手一指，“大航海时代，这里有很多的探险家，这里一定有丝绸宝藏的线索。”

“对啊，卡尔叔叔您真棒！”洋洋高兴地拍起了手。

只有地图后面的丫丫还在云里雾里，大大的地图几乎把她整个身体都盖住了，“哎，你们说的到底是哪儿啊？我看不到啊，快告诉我嘛！”

卡尔叔叔和洋洋大笑着去收拾行李，留下丫丫一个人盯着地图发呆。聪明的同学们，你们能告诉丫丫，卡尔叔叔要带他们去哪里吗？

第一课　大航海时代：葡萄牙和西班牙

一下飞机，丫丫就开始抱怨起来。

“卡尔叔叔！不是说要去葡萄牙吗，怎么把我们带到这个小村子里面啦？”丫丫有点不耐烦，因为在她面前呈现的景象，不是风光旖旎的伊比利亚半岛，而是破败不堪、冷冷清清的小渔村。

丝丝海风吹来，三个人冻得有点发抖。这到底是什么地方呢？

世界的尽头

三个人在海岸边慢慢走着，远处盘旋的海鸟不时鸣叫几声，似乎在欢迎远道而来的客人。这时候一座碑顶架着十字架的纪念碑出现在他们面前，上面还有着奇奇怪怪的文字。

“这里是罗卡角，在葡萄牙人眼中，这里是世界的尽头。看见那座纪念碑了吗？上面用葡萄牙语写着：陆止于此，海始于斯。这是葡萄牙诗人卡蒙斯的诗句，葡萄牙人把这里当作世界的天涯海角。”卡尔叔叔说道。

知识链接

卡蒙斯是葡萄牙著名诗人，有“葡萄牙国父”“诗魂”之称。他曾经赴摩洛哥与摩尔人作战，并且丧失了一只眼睛。1572年，卡蒙斯发表了描述达·伽马东航印度的史诗般著作——《卢济塔尼亚人之歌》，“陆止于此，海始于斯”的名句就出自该诗。卡蒙斯一生创作了众多诗歌，被誉为“葡萄牙最伟大的诗人”，西班牙大文豪塞万提斯称他为“葡萄牙的珍宝”，其头像被印在了葡萄牙的护照上。

洋洋听着卡尔叔叔的讲解，似乎明白了一些。傍海而生的葡萄牙人，自古就对大海充满着向往，一批又一批水手和探险家就是从这里出发，去追寻探索世界的梦想。这座纪念碑，还有远处的灯塔，就像一位和蔼可亲的老爷爷，无论寒暑，都站立在“世界的尽头”，为扬帆远航的葡萄牙勇士们静静守候，默默祝福。

“这和当年我们中国人开辟海上丝绸之路好像啊，都是在海洋上寻找远方。”洋洋不禁感慨道。

“可是这里真的好荒凉啊。”丫丫仍对这里的环境耿耿于怀。

卡尔叔叔长舒一口气，说：“没错，几百年过去了，这里还是一个小渔村，但是在葡萄牙人心目中这里却如同圣地一般。”

“大约600年前，在这个小渔村里建立了世界上最早的国立航海学校，以及相应的图书馆和天文台。建立这所学校的人就是葡萄牙航海大发现的奠基人——恩里克。他是一位葡萄牙亲王，因为痴迷于航海与地理，于是他就在自己的封地开办学校，培养专门的航海人才。”卡尔叔叔用力地向下点了点手指，接着说道，“经过20多年的不懈奋斗，公元1443年，在恩里克王子的指挥下，葡萄牙航海家从这里出发，一直到了西非海岸，随后还去了更远的地方。要知道在此之前，罗卡角已经是葡萄牙人印象中的“世界尽头”了，但是恩里克王子用自己的坚持不懈和科学精神打破了这个固有的认知，尽管恩里克王子到死都没有出过海，但是他的贡献，足以彪炳史册，欧洲所有伟大的航海工作几乎都是从他开始的，因此他被誉为‘从未扬帆远航的航海家’。”

恩里克

丫丫听得出神，问道："为什么恩里克这么痴迷于航海事业呢？"

"简单点说呢，因为葡萄牙位于半岛西边，资源匮乏，为了自身发展只能将目光投向一望无际的大海。恩里克王子当时就希望通过航海找到通往印度和中国的航道，进行香料和丝绸贸易，进而增强葡萄牙的国力。"卡尔叔叔简短地向孩子们解释道。

洋洋和丫丫信服地点点头，再次抬头仰望身边的纪念碑和远处的灯塔，不由得心生敬佩之情。这个伟大的海洋民族，在波涛万顷中探索民族发展的希望。这样的民族精神和意志，是农耕文明中的炎黄子孙所无法切身体会的。

离开葡萄牙人心目中的"世界尽头"，卡尔叔叔一行人北上去往葡萄牙的首都里斯本。勇敢的葡萄牙探险家开辟新航路带回来的大量财富，都运送到了首都里斯本，这其中就有来自东方中国的丝绸等珍贵物品。也许在里斯本，卡尔叔叔和孩子们能有新的发现。

国王的绸缎

里斯本是座海滨城市，大航海时代的烙印在这里随处可见。卡尔叔叔和孩子们首先来到了航海纪念碑，这个承载着葡萄牙人光荣与梦想的地方。

航海纪念碑造型别致，就像在汪洋大海中奋力前行的帆船一样，碑上的浮雕则记录着葡萄牙人探索世界的壮举。而纪念碑广场的地面上，则是黑白大理石组成的世界地图，上面刻画着历代葡萄牙航海家航行的路线。

知识链接

航海纪念碑建于1960年，位于里斯本贝伦塔附近，如今凭借独特的造型和厚重的历史感已成为葡萄牙的象征。该纪念碑为纪念航海家亨利王子逝世500周年而建。其外形如同一艘展开巨帆的船只，碑上刻有亨利、达·伽马等几十位葡萄牙历史上与地理大发现相关的人物，是了解葡萄牙大航海时代历史的标志性建筑。

航海纪念碑

走在海边，丫丫对周围的环境还是特别在意："卡尔叔叔，我们已经到了葡萄牙的首都，为什么我感觉这里还是冷冷清清的啊？"

卡尔叔叔微微一笑，抚摸着丫丫的头，说："葡萄牙在欧洲国家中也不算特别富裕，再加上气候原因，的确给人一种冷清的感觉。但是你看，远处傍山而建的白色房子好不好看？葡萄牙这个国家就像一艘停靠在大西洋上的帆船，里斯本就是这艘帆船的橱窗，有着别样的美丽呢！"

"哈哈！听卡尔叔叔这么一形容，葡萄牙还真是这个样子呢！"丫丫边说边用小手在空中比画着葡萄牙的形状。

在里斯本的街道上铁轨随处可见，蜿蜒如蛇。卡尔叔叔和孩子们行走在里斯本古老的街道上，身边的建筑各有特色，仿佛在诉说着一个个古老的故事。但是他们没有时间听故事，丝绸宝藏的故事已经占据了他们的内心。

望着远处的古堡和炮台，丫丫似乎想到了什么，惊喜地说道："快看啊，那些城墙和大炮，多像丝绸宝藏故事里的啊。"

洋洋顺着望去，真是有一丝像。"可是葡萄牙的皇帝喜欢中国的丝绸宝藏吗？"洋洋疑惑地问道。

"当然喜欢啦！你真笨，忘了恩里克王子啦，他研究航海就是为了去印度

和中国呢！”丫丫开心地说道。

“哈哈，这回丫丫可算是当了一回洋洋的老师呢。”卡尔叔叔开玩笑道，接着说，“丫丫说的没错，葡萄牙的皇帝对中国的宝物可喜欢啦。在1522年的一份货品清单中，就记录了葡萄牙国王曼努埃尔一世的衣柜中有一件中国锦缎法袍。曼努埃尔一世的儿子约翰三世同样对中国商品情有独钟，拥有很多精美的中国丝织品。中国的丝绸不仅为葡萄牙皇帝所喜欢，而且还受到许多贵族的追捧呢。”

“中国的丝绸在葡萄牙这么受欢迎啊！”洋洋连连惊叹。

“好了，今天走了这么多路，我们先回旅馆休息一晚吧，明天去伊比利亚半岛上的另一个国家——西班牙。”

西班牙斗牛

三个人来到了西班牙的首都马德里。这是一座沐浴在地中海阳光中的城市，空气中弥漫着橄榄的清香。热闹的街边商铺，在街上穿梭的阳光少年，双目有神、笑容坦诚的西班牙女孩，让卡尔叔叔一行人瞬间忘记了旅途的劳累，精神焕发。

马德里

傍晚时分，卡尔叔叔一行人来到酒店，酒店老板上来就给他们一人一个大大的拥抱，让他们着实有点不好意思。

“西班牙人可真是热情奔放啊！”洋洋感叹道。

奔牛节

“是啊，你们知道奔牛节吗？在西班牙的潘普洛纳，每年7月份都会举行一场盛大的传统庆典——奔牛节。在节日的几天里，每天都有6头凶悍的公牛追逐着数百名壮汉，沿着‘奔牛之路’穿城而过，直奔斗牛场。除了奔牛和斗牛，人们还会唱歌、跳舞、燃放焰火，这样的狂欢会持续七天七夜，人们对它的喜爱经久不衰。”卡尔叔叔说道。

知识链接

斗牛是西班牙的国粹，起源于西班牙古代宗教活动，后来演变为赛牛表演，斗牛的人被称作斗牛士，他们被视为英勇无畏的男子汉，备受国人的敬仰与崇拜。

斗牛

卡尔叔叔带着孩子们来到了酒店的餐厅，点了丰盛的食物，准备美餐一顿。洋洋翻看着今早拍的照片，突然发现了什么："叔叔，这座富丽堂皇的宫殿叫什么？我在巴士上看到的，觉得特别漂亮。"

"这是东方宫，是现存的世界上最完整最精美的宫殿之一，这里曾经是西班牙皇室的宫殿。"卡尔叔叔回答道。

凝视着精美绝伦的宫殿，丫丫喃喃自语："这么华丽的宫殿，当时的西班牙皇室一定很有钱啊！丝绸宝藏是不是在这里呢？"

洋洋也点点头，两个孩子看向卡尔叔叔。

马尼拉大帆船

"什么？！你们要在这里寻找什么？哈哈，丝绸宝藏？啊哈哈哈哈！"

此时，卡尔叔叔和孩子们的困意被这刺耳的笑声冲得一干二净。发出笑声的是旅馆的服务生，一个名叫维森特的西班牙人，为人开朗活泼，好交朋友。

"维森特哥哥，你到底在笑什么？说清楚再笑啊。"丫丫终于忍不住发声了。

"咳咳，"维森特收住笑容，缓缓说道，"我说你们啊，简直太傻了，西班牙怎么会有丝绸宝藏呢？"

"怎么没有？葡萄牙和西班牙很早就开始了航海大冒险，西班牙人很早就开辟了去往东方的航路。麦哲伦不就是在西班牙国王的支持下实现环球航行的吗？"洋洋一板一眼地回应道。

"西班牙商人占领菲律宾之后，就以菲律宾为中转站，将大量中国的丝绸、宝物运往美洲各地。历史上将这种船只称为'马尼拉大帆船'，有的人直接称为'中国船'。可见中、西两国很早就产生了联系。"卡尔叔叔在一旁补充道。

知识链接

西班牙在征服了美洲之后，又在亚洲的菲律宾建立起殖民地，把他们梦寐以求的中国的丝绸等商品，从马尼拉运往美洲，开辟了一条“太平洋丝绸之路”。这条航路上运行的商船就是“马尼拉大帆船”。

马尼拉大帆船

“额，这个嘛，您只说对了一半。”维森特笑嘻嘻地说道，“新航路开辟的确拉近了西班牙和中国的距离，可是运来的大量商品和财富都被西班牙的王室贵族给挥霍掉了，没有了，都没有了。”

“能举个例子吗，维森特？”卡尔叔叔问道。

“比如我的家乡塞维利亚，那里曾经是外出探险的航海家们转运宝物的地方。据说在塞维利亚大教堂里，装饰圣龛就使用了从‘新世界’劫掠来的1.5吨黄金。而且啊，西班牙与葡萄牙不同，自从阴差阳错发现美洲大陆之后，西班牙的主要财富都来自于美洲啦。”维森特终于表达完自己的观点了，“所以在西班牙你们是找不到丝绸宝藏的。”

卡尔叔叔和洋洋觉得维森特虽然嘻嘻哈哈，但是说的是有道理的。西班牙

塞维利亚的清真寺

之所以掠取了大量财富却走向衰落，很大的原因是大量财富都被贵族挥霍掉了，为了购买海外高昂的奢侈品，大量的金银外流，国力慢慢衰弱，逐渐被英国、荷兰等国家超越了。

“如此看来，那个非常珍惜丝绸宝藏的国王应该不是来自西班牙。”洋洋在那自言自语。

“这个西班牙啊，真是的，好好的发展机遇就这么浪费了。”丫丫叹口气说。

“其实我们中国也差不多啊，在葡萄牙和西班牙航海家开辟新航路的时候，我们国家正处于明朝时期。当时郑和七次下西洋，无论是航行的船只、技术，还是航线、范围，都远远超出同时代的西方。可惜郑和之后中国古代再无享誉世界的航海家了，中国也越来越跟不上世界的脚步啦。”卡尔叔叔不由得惋惜地说道。

“啧啧啧，看来你们中国和我们西班牙还真是有几分相似呢，真是应了我们常说的那句话。”维森特摇摇头说道。

“哪句？”卡尔叔叔和两个孩子不约而同地扭过头来。

“我们国家一位著名的哲学家奥尔特加·加塞特曾说过，西班牙人就是西方世界里的中国人。我们两个国家都曾在大海上风光无限，可后来都走向了衰落。”维森特回答道。

“落后总是短暂的，我们两国之间的交流从未间断，相信一定都会走向复兴的。”卡尔叔叔拍拍维森特的肩膀，“早在16世纪，西班牙传教士们就写就了众多介绍中国社会历史的书籍，掀起了大规模的‘中国热’。”

听完这些，在维森特心中，一股以故乡为傲之情油然而生。

“卡尔叔叔，那我们下一站要去哪里呢？”丫丫问道。

“去意大利啊！”维森特这时候突然冒出来，“意大利是文艺复兴兴起的地方，商业发达，而且交通比伊比利亚半岛方便多啦，去那看看肯定有收获。”

“哟哟，看不出来啊，没想到你这服务生懂的还真多啊。”卡尔叔叔开玩笑地说，“我们就听维森特的，去意大利。”

“嘿嘿，我这也是现学现卖，不过你们这回去意大利可得帮我一个忙。”维森特略显神秘地说道。

“哦？帮忙？”卡尔叔叔、洋洋和丫丫转过头看着维森特。

“维森特哥哥，你要我们帮什么忙呢？”丫丫友好地问道。

“这是我写给一位意大利老友的信，麻烦你们帮我带给他。”维森特从兜里掏出一封写好的信。

“嗨！维森特哥哥，现在网络这么方便，直接发邮件就行了，谁还用纸写信啊？”丫丫吐了吐舌头说道。

“哈哈，小妹妹，我那位老友可是一把年纪了，网络什么的他不懂啊。这回多亏你们了。”维森特笑哈哈地说道。

卡尔叔叔接过信，说:“没问题，你放心吧。我们一定把信件交到老人手上。”

“好的！太感谢了。明天一早，我送你们去机场。”

马德里的夜晚是美丽的，海风吹拂着这座古老的城市，就像母亲温柔地抚摸着怀中的孩子。卡尔叔叔和洋洋、丫丫结束了一天的探索，安然入睡，第二天他们将奔赴意大利，开始更为精彩的旅程。

1 谈一谈你对恩里克王子的认识和看法，并说一说你从他身上学到了什么。

2 对比西班牙、葡萄牙和中国的自然环境，试着分析一下为何中国在大航海时代无所作为。

第二课　插入地中海的靴子：意大利（一）

阳光与快乐之城

从踏上意大利土地的第一分钟开始，丫丫就在开心地活蹦乱跳。因为她发现这里的天气与马德里完全不同，阳光普照，温暖舒适。三个人沐浴在阳光之下，好不舒服。

知识链接

意大利是欧洲文明的摇篮，曾是文艺复兴的发祥地，首都罗马自古以来就是西方世界的中心之一。古罗马帝国和汉帝国都曾是世界上强大的国家，丝绸之路成为它们之间联系的纽带。下图为罗马斗兽场，是古罗马帝国供贵族观看角斗的地方，是古罗马帝国的标志性建筑物。

罗马斗兽场

“卡尔叔叔，这是哪里呢？”丫丫眯着眼睛望着太阳。

“这里是意大利南部城市那不勒斯，地中海著名的风景区。这里最大的特点就是阳光明媚，而且这里的人们生性活泼，能歌善舞，这是个充满快乐的城市呢。”卡尔叔叔也被眼前的景色迷住了。

“叔叔，意大利除了气候比较好之外，还有什么有意思的啊？”洋洋问道。

“文化语言啊，别看意大利和中国相隔万里，其实有很多相似的地方呢。比如意大利人表示同意就说‘si’，是不是很像汉语的‘是’？而且中意两国历史悠久，曾经的古罗马帝国和汉帝国可都是当时世界上非常强大的国家呢。”卡尔叔叔说起意大利就像在说自己的一位老朋友一样滔滔不绝。

这时候，洋洋指着远处高高隆起的山峰问道：“卡尔叔叔，那边是什么呢？”

“那是维苏威火山，非常有名，是欧洲大陆唯一的活火山。”

“什么？活的？！那它一爆发我们岂不是全完了？”丫丫吓得叫了起来。

“哪有那么严重！活火山的意思是说这座火山有喷发的可能，喷发的间隔有好几百年甚至上千年呢。放心吧，喷不到你的。”卡尔叔叔笑呵呵地解释道。看到丫丫不害怕了，卡尔叔叔继续说道：“不过历史上曾经有过维苏威火山的喷发记录，而那一次大喷发将整座城市深深地掩埋在 6 米多深的火山灰底下，彻底地摧毁了这座城市。”

孩子们听得很入迷，卡尔叔叔继续讲道：“这座城市叫作庞贝城，建于公元前 600 年左右，它有良好的海港，又位于古交通要道附近，因此很快就成为一个兴旺的商业城。市内有中心广场、别墅、贯通的大街、商店、浴室、酒店等场所。但公元 79 年 8 月 24 日维苏威火山的一次爆发，把整个庞贝城都摧毁了，如今我们只能通过遗址来领略古城的景象了。”

知识链接

庞贝城在历史上消失1500多年后，一个建筑师于1594年在修建饮水渠时发现了一块刻有“庞贝”字样的石头，1748年，一名叫安德烈的农民在深挖自己的葡萄园时无意间发掘了庞贝的遗迹。但直到1876年，意大利政府才开始组织科学家真正挖掘这座古城。1997年，庞贝城考古区被列为世界文化遗产。图片所示为古城街道上的饮水池，由于水中含有大量重金属元素，导致庞贝城居民的平均寿命只有35岁。

庞贝城

正当孩子们专心致志地听卡尔叔叔讲解时，突然从侧面跑出来一个黑影，还没等卡尔叔叔反应过来，丫丫的小背包就被抢走了。丫丫吓得哇哇大哭起来。

卡尔叔叔见状，马上跑去追赶抢包的小偷，边跑边喊："站住！你这个小毛贼！"

小偷转身拐进了小巷子，卡尔叔叔在后面穷追不舍。那不勒斯虽是一座名城，但是城市建设不敢恭维，一条条狭窄的小巷两侧是高高低低的房屋，道路旁还有很多露天小摊，城市格局杂乱，追起人来相当不易。二人就像猫追老鼠一样在那不勒斯老城的街道中你追我赶，最终身手矫健的卡尔叔叔将"老鼠小偷"逼到了小巷的尽头。小偷走投无路，扔下背包，噌地一下翻墙跑了。

"没想到这小毛贼还有几分功夫。"卡尔叔叔捡起背包，没有再追。

身后的洋洋和丫丫气喘吁吁地跟了过来，"没想到意大利的大街上还有小偷，气死我了！"累得喘不上气的丫丫还不忘骂两句。

"没丢东西就好，"卡尔叔叔也累得够呛，"虽说这那不勒斯是阳光和欢乐之城，可是社会治安状况十分糟糕，很多游客都有在大街上被抢的经历呢。"

看着卡尔叔叔哭笑不得的样子，丫丫也破涕为笑，还好自己的背包没有丢失。大家平复心情，去往维森特的老友那里，继续着他们的探险之旅。

鸡蛋支撑的城堡

维森特老友的住所位于那不勒斯市中心，紧靠海边，这里风景秀丽，魅力无限。

老人听卡尔叔叔说明来意后，缓缓说道："你们是来自中国的探险家，要寻找丝绸宝藏？"

"是的，我们已经考察了伊比利亚半岛的葡萄牙和西班牙，都没有什么发现。"卡尔叔叔一五一十地回答。

"呵呵，离我家不远的地方有个城堡，叫作蛋堡。每年都有成千上万的游客来这里参观，一是欣赏日落，远眺那不勒斯的美景，二是寻找一枚鸡蛋。"老人有点神秘地说道。

"鸡蛋？城堡里有鸡蛋？"洋洋疑惑不解。

"据传说，一个叫作维吉尔的古罗马诗人，他神通广大，法力无边，是一

知识链接

蛋堡，位于那不勒斯西南，是一座有着2000多年历史的古老城堡。曾经是罗马贵族的别墅，也是西罗马皇帝被流放之地。登上城堡，可以远眺那不勒斯湾和海边落日的美景。蛋堡的名称与一个有趣的传说有关，这一传说吸引着众多游客来蛋堡寻找那枚鸡蛋。

蛋堡

个令人生畏的巫师。他曾在这个城堡建筑的支撑点上放了一枚鸡蛋，如果鸡蛋破了，整个城堡就要崩塌，那不勒斯就要遭受灭顶之灾！”

“啊！好可怕啊，那个巫师好坏，那鸡蛋破了没有啊？”丫丫问道。

“哈哈哈，所以每年有来自四面八方的游客来蛋堡寻找那枚鸡蛋啊。”老人哈哈大笑。

“真是个有趣的故事，那老先生您要表达什么呢？”卡尔叔叔看着老人问道。

“意大利历史悠久，是欧洲文明的摇篮。早在旧石器时代就有人在你我脚下的土地上生活，而罗马又是意大利文明的中心。意大利就像一只插入地中海的靴子，走过了历史的沧桑，见证了过去和现在，在意大利你可以尽情领略历史留下的痕迹。”老人收敛起笑容，用独特的不紧不慢的语气说道。

“罗马我知道，建立罗马城的两兄弟是由狼养大的。”洋洋说道。

“孩子你真棒，懂的很多，不过这只是公元前 753 年的事。早在公元前 2000 年，恐怕就有古意大利部落在此居住，繁衍生息了。”老人说道。

“哇，罗马的历史可真悠久啊。”丫丫不禁感叹。

“是的啊，罗马人建立的帝国曾经横扫欧、亚、非三大洲，也是世界上首屈一指的帝国，和你们中国历史上的汉帝国有几分相像。而且古罗马曾经是丝绸之路的终点呢，多少中国而来的宝物辗转到罗马贵族的手中，让他们爱不释手啊。”老人慢慢地说道，一个尘封的帝国似乎在人们的回忆中慢慢苏醒。

“太好了，这么说很有可能丝绸宝藏就是通过丝绸之路来到了罗马。”洋洋非常开心，像是发现了新大陆。

卡尔叔叔和孩子们告别了慈祥的老爷爷，收获颇丰。他们的下一站将是曾经创造出璀璨文明的欧洲古城——罗马。

遥远的大秦

车子飞奔在去往意大利首都罗马的公路上，卡尔叔叔和孩子们心潮澎湃。车窗外景色优美，不时掠过几座古老的宏大建筑，彰显着即将抵达的这座城市的历史与地位。

罗马已经有着上千年历史了，在两千多年前罗马帝国岿然屹立在欧洲之巅时，在欧亚大陆的西端，汉王朝也日渐兴盛。两个庞大帝国虽相隔万里，但是彼此都知道对方的存在，彼此之间的联系也不断地加强。

刚刚下车，卡尔叔叔和孩子们就被眼前的景象惊呆了。在他们面前矗立着一座高大的尖顶方碑，碑后是一座灰色的圆形宫殿，宫殿前端由八根巨型圆柱支撑，高度足有几十米。孩子们使劲仰着头才能看到宫殿上方的文字。

“卡尔叔叔，这是哪里啊？”洋洋揉了揉快要扭断的脖子。

“这里是罗马万神殿。罗马帝国时期的建筑，供奉诸神的，已经有两千多年的历史了。”

“罗马帝国一定非常强大，所以才能建造出如此恢宏的建筑来。”洋洋感叹道。

“汉帝国和罗马帝国可是当时世界上最为强盛的国家呢，分别代表东、西方的文明。”一名学生模样的年轻人来到卡尔叔叔和孩子们面前。

“我姓齐，意大利名字叫法齐奥，是在罗马读书的中国留学生，现在在做向意大利人普及中国文化的志愿工作。”年轻人自我介绍道。

看着这位戴着黑框眼镜，身穿白色T恤，温文尔雅的年轻学生，卡尔叔叔

罗马万神殿

知识链接

罗马万神殿，位于意大利首都罗马纳沃纳广场以西，是至今保存完整的唯一一座罗马帝国时期的建筑。万神殿始建于公元前27—25年，由罗马帝国首任皇帝屋大维的女婿阿戈利巴建造，用来供奉奥林匹亚山上诸神。公元80年曾发生大火，建筑大部分被焚毁，如今所见是后来重建，也有近两千年历史了。很多有名的意大利艺术家埋葬于此，如拉斐尔。神殿是古罗马精湛建筑技术的典范，被意大利著名建筑师米开朗琪罗誉为“天使的设计”。

非常高兴：“你做中国文化普及工作，一定对意大利与中国的历史交往非常熟悉吧？”

“边普及边学习，如果你们有兴趣可以到我们的中国文化推广中心参观一下。”法齐奥发出了邀请。

孩子们和卡尔叔叔非常愉快地接受了邀请，跟随法齐奥来到了文化中心。文化中心是一座二层欧式小楼，外表普通，但是内部充满中国文化气息，中国结随处可见。在一间会议室，法齐奥向卡尔叔叔和孩子们展示了许多中意交往的历史文献。

洋洋和丫丫翻看着这些历史文献，真是一头雾水，别看古罗马在历史上如

雷贯耳，可是这两个小家伙对它的历史一点都不熟悉。

“法齐奥哥哥，你能给我讲讲这本书和古罗马有什么关系吗？这里头也没有罗马啊。”洋洋拿起一本书，不解地问道。

法齐奥和卡尔叔叔定睛一看，都笑了。“哈哈，洋洋，你可真可爱呢。这里虽然没有罗马这两个字，却是实实在在的中意交流的历史明证啊！”法齐奥卖了一个关子，洋洋更不明白了。

“在古代中国人眼里，罗马帝国不叫罗马，而是叫大秦。中国人曾经称自己的国家为‘秦’，因为秦帝国统一了中国嘛。意大利语中‘中国’的发音Cina据说就是源自于Qin（秦）。在中国人和中亚人眼中，遥远的西方有一个比秦帝国更为广阔、更为强大的国家，于是就有了‘大秦’的说法，中国人就以‘大秦’称呼罗马帝国。”法齐奥慢条斯理地向洋洋解释道。

听完法齐奥的讲述，卡尔叔叔不禁感慨道：“真是遥远的大秦啊，既是地理距离上的遥远，又是历史长河中的悠久。”

正当法齐奥讲述时，一旁的丫丫突然大叫起来：“啊呀妈呀！快来看，快来看，看我发现了什么？！”

卡尔叔叔、法齐奥和洋洋赶紧朝丫丫跑过去，丫丫到底发现了什么呢？

课后思考

1 文章介绍了意大利两座著名城市那不勒斯和罗马，你还知道其他的意大利城市吗？试着再写出三个。

2 你知道“蛋堡”这个名称的来历吗？请简要说说。

第三课　插入地中海的靴子：意大利（二）

“愈远愈受敬重”

丫丫大呼小叫着，手里头挥舞着一本微微泛黄的古书，嘴里不停地念叨着：“快看快看，我有了神奇的发现！”

卡尔叔叔、法齐奥和洋洋都来到了丫丫身旁。

“奥古斯都时代，一个来自丝绸之国的使团历经四年的长途跋涉，抵达罗马。他们进献的礼物是珍珠、宝石和大象！”丫丫一字一句地把书上的内容念了一遍，生怕错过一点信息，“看看怎么样，我发现了丝绸宝藏的下落，就在罗马！”

“这个，”法齐奥连忙解释，“这则材料是古罗马一位雄辩家记录的内容，不过还没有其他文献佐证这一消息，而且中文史料中也没记载这件事。”

“什么？都没有？”丫丫有点难以相信，刚才还以为发现了“新大陆”的兴奋劲儿立马就消失了。

“没事没事，丫丫主动学习，善于发现，值得表扬，赞一个。”卡尔叔叔赶快来安慰丫丫。

洋洋似乎还在思考刚才法齐奥的回答，又问道：“那中国方面有没有记载有关罗马的情况呢？”

“有的，你看这本书，”法齐奥拿起一本传统的线装书，“中国史书记载，罗马人曾在公元166年和280年到过中国，可惜的是这些记载都没有拉丁文献来证明。”

“那你的意思是说，其实没有充足的证据证明汉朝和罗马帝国有过实质性的交往？”卡尔叔叔问道。

“不不不，答案是否定的。在早期的确没有充足的证据证明两国有过交往，不过随着陆上丝绸之路的开通，汉朝和罗马帝国的交流就方便多了。”法齐奥认真地讲解道，“中国的史书《后汉书》记载，公元97年使者甘英曾远赴罗马帝国，这在历史上是确有其事的。因为当时班超正在开拓西域，甘英奉班超之命西赴罗马。”

“甘英去罗马？那会不会是他将丝绸宝藏带到了欧洲呢？”刚才垂头丧气的丫丫突然又来了精神。

“不会的，等我说完。”法齐奥赶紧又向丫丫解释道，“甘英不是一个出色的探险家，他在途径阿拉伯半岛的时候，听了当时安息人的劝阻，就返程回国了。他也没能成为连接汉朝和罗马帝国的第一人。虽然在陆上丝绸之路的几次尝试都没有成果，但是中意两国的先民们在海上有了交集。汉朝的臣民由东向西拓展，罗马帝国的臣民自西而东航行，最后在印度半岛对接，从而使海上航线延伸到波斯湾、红海。这是世界历史上第一条跨越印度洋的海上航线，也是当时地球上最长的航线。海上航线让中意两大古国用另一种方式完成了见面。”说着法齐奥拿出一张航海路线图，一边讲着一边用手画着航海路线。

“两个国家交流起来真是不容易，距离太远了。”洋洋看着地图说道。

“不过也没关系，古罗马有一句谚语我觉得形容中意两国的交流非常合适，叫作‘人离得愈远愈受敬重’，现在，中意两国已经跨越地理的阻隔，真正实现了彼此的交往合作，相信两国的关系会随着更深层次的交往而变得愈发密切。”法齐奥说道，卡尔叔叔和孩子们都赞同地点了点头。

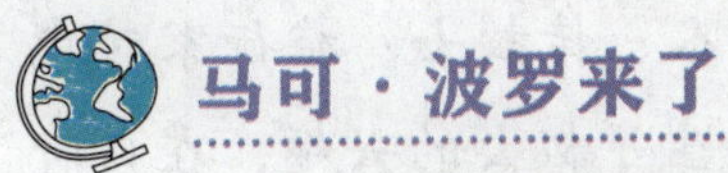

马可·波罗来了

法齐奥将卡尔叔叔和孩子们带到另一个房间，这里面都是历史人物的画像。洋洋和丫丫看得眼睛都花了。

“随着罗马帝国的崩塌，欧洲陷入了混乱。欧洲人对中国的了解更少了。”法齐奥停下脚步，指着其中一幅画像下面的文字念道，“我们对中国人的外表一无所知，却对他们的丝绸非常熟悉。”

的确，欧洲人对古老的中国一直是向往的。在罗马帝国时期，中国将丝绸运往罗马，作为交换，罗马帝国将宝石、毛纺织品、石棉和玻璃等运往中国，但是其价值远远比不上中国的丝绸，据美国一位学者考证，有的时候运到罗马的丝绸需要用等量的黄金才能换到。欧洲人迫切地想要了解和认识中国，这时候一个伟大的人物出现了。

“他就是马可·波罗！”法齐奥讲到他的画像的时候有意提高了嗓门，“马可·波罗是意大利著名的旅行家和商人，他跟随父亲和叔叔历时 4 年来到中国，并且在中国游历了 17 年。他回到欧洲后创作了《马可·波罗游记》，在欧洲产生了巨大的反响，激发了欧洲人对东方的无限向往，催生了日后的地理大发现。”

“不过，据说好多人对马可·波罗所描写的中国情况提出了质疑。”善于思考的洋洋说道。

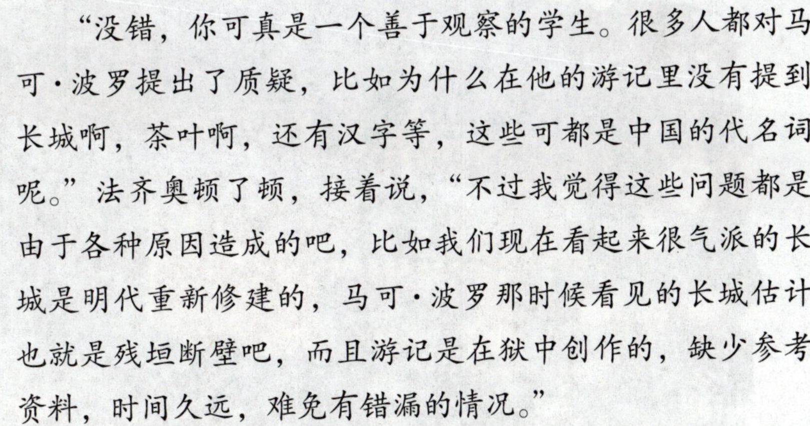

“没错，你可真是一个善于观察的学生。很多人都对马可·波罗提出了质疑，比如为什么在他的游记里没有提到长城啊，茶叶啊，还有汉字等，这些可都是中国的代名词呢。”法齐奥顿了顿，接着说，“不过我觉得这些问题都是由于各种原因造成的吧，比如我们现在看起来很气派的长城是明代重新修建的，马可·波罗那时候看见的长城估计也就是残垣断壁吧，而且游记是在狱中创作的，缺少参考资料，时间久远，难免有错漏的情况。”

“没错，尽管有所争议，但是马可·波罗在沟通中国和意大利方面还是做出了伟大贡献的，我们应该明确这一点。”卡尔叔叔比较赞同法齐奥的说法。

法齐奥一一介绍了画像室中陈列的为中意两国交流做

出过贡献的历史人物后，最后总结道："以上这些商人、传教士、旅行家对中国风土人情的介绍，让欧洲人对中国的神秘和富足产生了极大的兴趣，在当时欧洲社会出现了一股中国热。"

卡尔叔叔感谢法齐奥的耐心讲解，和孩子们一起告别了法齐奥，离开了中国文化推广中心。

"今天就像上了一节课一样，法齐奥哥哥懂的真是太多了。"洋洋非常佩服法齐奥。

"可是我们最终还是没有找到丝绸宝藏。"丫丫难掩失望之情。

"没关系的，我们今天感受到了古代中国和意大利的交往，我们下一站去看看现代意大利的情况，没准能有新的发现。"卡尔叔叔提出了建议。

"太好啦，原来意大利和中国的关系这么密切呢！"丫丫马上又高兴了起来。三个人开心地准备去往下一站。

"不死的中国人"

卡尔叔叔和孩子们继续北上，来到了时尚之都米兰。在这里他们遇到了同胞万先生。万先生来自中国浙江，在意大利已经做了二十多年的生意。他头戴棒球帽，穿着舒适的球鞋，干练而有活力。

时尚之都米兰

"欢迎你们，我的同胞。"万先生热情地说道，"这里是米兰，我的公司在萨勒匹路的中国城，整个米兰数以万计的中国人几乎都集中在这里，十年前米兰就已经有2800家中国人创办的企业了。"

"原来米兰的华人华侨如此之多啊！"卡尔叔叔恍然大悟。

"中国人勤劳朴实，在各个行业都做出了不俗的业绩，你看这条街上几乎所有的店铺都是中国人开的，服装、珠宝、美发等等。"万先生带着卡尔叔叔和孩子们来到一条铺有石头的老街道上，旁边还存留着有轨电车的轨道。"中国人太能干了，所以很多意大利人都惊叹中国人从来都不会死！"

卡尔叔叔和孩子们听完这句话后都哈哈大笑起来。

丫丫扒在商店的橱窗上，看到商店内部穿在模特身上的丝绸服装显得十分精美，不禁感叹道："怪不得欧洲人对中国的丝绸如此痴迷，中国人的手艺真是太精湛了！"

万先生对意大利和中国非常熟悉，他说："随着中国和意大利的交往越来越深，现在米兰市政府还在米兰的华人区悬挂大红灯笼，很多老外在此逛街购物，感受到了浓浓的中国风情。"

米兰的华人区

"中国人能在异国他乡得到认可真是不容易啊，当代有你们这些华人华侨，古代有那些跋涉在千里丝绸之路上的先民，你们都为中意两国交流做出了重要的贡献。"卡尔叔叔向万先生表达了敬佩之情。

"今天我们在罗马遇到了中国留学生哥哥，他向我们介绍了历史上许多有名的人物，他们都值得我们纪念和学习。"洋洋抬起头看着万先生，似乎在仰视自己心目中的英雄。

"谢谢你们，我的同胞们。"万先生的话语中充满了谢意，"虽然我们和当地人之间还有不少差异，有时候还会发生误会乃至摩擦，但是有这么多理解我们的人，我们在意大利的华人华侨不会给祖国丢脸的。"

罗马之行让卡尔叔叔和孩子们了解了中意两国在历史上的交往，米兰之行让他们又认识了万先生这样的当代中意经济文化交流的使者，虽然丝绸宝藏的下落仍然不明，但是孩子们的收获很大，离开的路上他俩分享着各自的感悟。

“那么，接下来我们该去哪里呢？”洋洋仍然没有忘记此行的目的。

“嗯，说实话我也不太清楚，不过既然我们来到了地中海环抱的亚平宁半岛，何不向东去希腊半岛看看呢？”卡尔叔叔提议说。

“希腊……那里可真是一个可怕的地方。”丫丫自言自语道。

卡尔叔叔和洋洋同时将目光转向丫丫，都不明白为什么丫丫会突然说出这种话。

课后思考

1 谈一谈你对“愈远愈受敬重”的认识，你觉得应该如何和外国同学相处？

2 你读过《马可·波罗游记》吗？课后找来读一读，并向父母、老师或同学复述其中一章的内容。

第四课　众神的天空：希腊

卡尔叔叔和洋洋都很吃惊，为什么丫丫听到希腊的名字会如此害怕。

“因为那里有很多可怕的妖怪啊，你们知道吗？有的嘴里会喷火，有的半人半妖，还有一个大妖怪，只有一只眼睛还长在额头上，太可怕啦！”丫丫说着都要把脸捂上了，好像她说的那些妖怪要来吃了她似的。

听完丫丫的话，卡尔叔叔和洋洋都不禁哈哈大笑起来。

“哎呀丫丫，那些都是希腊的神话和传说啦，你怎么能当真呢！”洋洋边说边捂着肚子笑。

卡尔叔叔也因丫丫的话乐得不行，好半天才平复住心情说道：“丫丫，神话和现实可不是一样的呀。希腊有这么神奇的传说，反而说明了这个国家历史悠久啊，几千年前人们对很多事情无法解释，才会出现这么多神话传说嘛。”

“咦，这么说好像有点道理。”丫丫将信将疑。

“希腊可不是什么可怕的地方，是名副其实的文明之邦呢！”洋洋颇为骄傲地说道。

卡尔叔叔带着孩子们首先来到了希腊的首都雅典。这座富有地中海和爱琴海特色的城市似乎天生带有迷人的魅力，吸引着来自世界各地的人们。

文明的摇篮

雅典三面环山，一面临海，孕育着欧洲文明最初的曙光。从山上俯瞰雅典城，几乎没有高楼大厦，饱经沧桑的历史古迹倒是随处可见。雅典城已经有超过五千年的历史了。

卡尔叔叔和孩子们漫步在雅典街头，感受着文明的气息。

“怎么样丫丫，这里不是可怕的地方吧？”卡尔叔叔笑着问丫丫。

“嗯，感觉还不错啦。可是我在书里看的那些妖魔鬼怪到底是怎么回事呢？那个独眼巨人真是太可怕了！”丫丫还是有点心有余悸。

“哈哈，那都是神话传说啦。我们中国远古时期也有很多神话传说，如盘古开天、女娲补天、夸父逐日等，就拿我们熟知的神农来说吧，他遍尝百草，造福百姓，可他却有着奇怪的身体，他身材瘦削，肚皮是透明的，五脏六腑在外面都看得清清楚楚啊。”卡尔叔叔越讲越神奇，好像在讲一个洋洋和丫丫从来都没听过的故事。

希腊神话人物

丫丫和洋洋认真地听着，眼睛睁得大大的。洋洋说：“看来文明古国都有这样奇怪的传说啊。”

“是的，在人类社会早期，人们对这个世界的认识是十分有限的，很容易记录下一些神鬼妖魔的事情，像丫丫提到的独眼兽，估计是古希腊人误把大象当成了一种怪兽。因为古希腊人没有见过大象，在他们

知识链接

希腊神话，包括一切有关古希腊人的神、英雄、自然和宇宙历史的神话。是原始氏族社会的精神产物，也是欧洲最早的文学形式。它在希腊原始居民口头相传的基础上形成，后来在《荷马史诗》等诗歌、戏剧著作中记录下来，后人将它们整理成现在的古希腊神话故事，包括神的故事和英雄传说两部分，主要人物有宙斯、雅典娜、阿波罗等。

发现一些大象骨头后，把鼻腔误认为是口腔，所以创造出了一种独眼的巨兽吧。”卡尔叔叔连忙向孩子们解释，以免吓到洋洋和丫丫。

“哇，真是太神奇了。”丫丫不禁感叹道，她也终于不害怕所谓的独眼巨人了。

“在古希腊的传说中，也有很多美好的人物形象。比如智慧之神雅典娜，她是万神之王宙斯的女儿，勇敢而善良。还有爱与美之神阿佛洛狄忒，她是爱与美之女神，拥有完美的身段和样貌，受到许多人的爱戴和追求。所以即便是神话传说，也像我们现实生活一样，也有善良和可恶的人。”卡尔叔叔继续跟孩子们解释道。

雅典娜女神

雅典是座文明古城，历史古迹随处可见，残垣断壁与现代建筑交相辉映。这时卡尔叔叔和孩子们来到一条街道，街道不宽，熙熙攘攘，人头攒动，三人便顺着人流走上了街道。卡尔叔叔和孩子们被路旁一处文物摊吸引住了，一个中年希腊人坐在地上，面前摆着形色各异

的文物，不时有人驻足观看。丫丫和洋洋看着这些陌生的文物，心想：也许它们都曾见证过古希腊文明的风光吧，如今静静地躺在这里，是在向行人默默地讲述着过往的历史。卖文物的中年人看到来了两个中国孩子，就随手拿起一个文物递过去，说："中国的文物，没准你们会喜欢。"

两个孩子接过文物，突然大叫一声，差点把文物掉到地上。

银盘上的希腊神

这件文物是一个棕色的圆盘，盘内有着相互勾连的纹饰，圆盘中心微微凸起，有一个身材矫健的青年男性形象。这个带有着浓浓西域风情的圆盘实在难以让人和中国文物联系起来，然而卖家却说它来自中国，难怪两个孩子大吃一惊。

"卡尔叔叔快看，这个奇怪的盘子竟然是来自中国的。"丫丫赶忙叫来了卡尔叔叔。

卡尔叔叔拿着这个棕色的圆盘，细细端详，觉得有点眼熟却怎么也想不起来在哪里见过。

"这是在中国出土的银盘，制作于东罗马时代。"卖家这时候开口了。

"那为什么这件文物会在希腊呢？难道和希腊有什么关系？"洋洋向这个中年希腊人问道。

卖家面目方正，眼窝深陷，留着一脸的胡须，看来是干文物这行不少年了，他看着这个银盘，缓缓说道："这个银盘的生产年代大概在公元4—5世纪，当时东罗马帝国和中国的北魏交往甚密，经常有使者往来，这个银盘就是当时东罗马帝国使者留在黄河边的。岁月沧桑，鎏金大部分已经脱落，但是银盘质地十分精美，花纹很讲究，中间的雕刻更是十分细致，是不可多得的精品啊。"

知识链接

东罗马帝国（395—1453），又被称为拜占庭帝国，主要区域位于今天欧洲东南部、亚洲西部和非洲北部。公元395年，古罗马帝国分裂为东、西罗马帝国，东罗马帝国的首都是君士坦丁堡。在我国古籍中，常用拂（lǐn）国、大秦、海西国等来称呼东罗马帝国。

狄奥尼索斯雕像

洋洋指着圆盘中间的图案问道："那这个男人是谁呢？"

圆盘中的男人卷发无须，身形矫健，显然不是东方人士，他坐在猛兽背部，手持权杖，身下的猛兽龇牙咧嘴，凶猛异常，而男人却神情闲适，姿态平静。

"他是狄奥尼索斯。"希腊卖家说，"在古希腊传说中，他象征着丰收与自然，他还发明了葡萄酿酒的技艺，大家都叫他酒神。古希腊人民热衷饮酒狂欢，所以狄奥尼索斯受到人们的尊敬，现在欧洲很多地方的狂欢节据说就来自于对他的崇拜。"

"周围的这一圈头像又是指谁呢？"卡尔叔叔看得很细致。

"呃，这个嘛，时代久远，有不同的说法，有的说是奥林匹斯山上的神，有的说是狄奥尼索斯的同族中人。"希腊卖家摸摸自己脸颊上的胡须说道。

卡尔叔叔和孩子们听完希腊卖家的讲解后，仔细观察着这个圆盘，发现底部是一堆用奇怪文字写的铭文。

"谁也看不懂那些文字，即便是你们中国人。"希腊商人看到他们在看铭文。

"也许这是大夏文。"卡尔叔叔冷静地说道，他似乎想到了什么，顿了顿继续说，"在中国山西大同郊区出土的一个八曲银盘上也曾看到过类似的文字，有的学者认为这是大夏的文字，大夏在贵霜时代就已经开始采用希腊字母了。"

知识链接

大夏，是张骞出使西域归来后首次提及的西域古国之一，位于中亚和南亚次大陆西北部。根据《史记》记载，大夏国居民人数有100多万，以务农为生，善于经商。西方人称这个地方为巴克特里亚，古希腊人曾在此建立希腊化的奴隶制国家，因此又称"希腊—大夏王国"。

贵霜时代是指贵霜帝国统治的时代。贵霜帝国在公元1—2世纪达到鼎盛，主要统治区域位于今天的中亚和印度北部，在欧亚国家中地位显著，曾与汉朝、罗马、安息并列。贵霜帝国贸易发达，丝绸之路穿行而过，贵霜帝国的商人是沟通东西方贸易与文化交流的纽带。

“哇！卡尔叔叔，原来您知道这么多！看来您也知道这个圆盘的来历吧！”洋洋和丫丫睁大眼睛等待着卡尔叔叔解开这个神秘圆盘的身份之谜。

“是的，我一开始就觉得这个盘子十分眼熟，似乎在哪里见过，但就是想不起来，还是这位卖家的介绍提醒了我。”卡尔叔叔说道。

“那这个圆盘的身份是什么呢？”洋洋紧接着问道。

“它的学名应该叫神人纹鎏金银盘，出土于我国的甘肃省靖远县，因为那个地方是古代丝绸之路的交通要道，很多中外商人在此逗留。从银盘的纹饰来看应该生产于东罗马帝国的某个行省，随后跟随使者沿着丝绸之路去往东方，作为礼物送给中国皇帝。不过从圆盘的文字来看，如果真的是大夏文，也可能是东罗马将生产的圆盘出口到中亚各国，由大夏刻上自己的文字，又继续向东流向了中国。一千多年后在中国出土，现在已经成为中国的国宝。”

知识链接

神人纹鎏金银盘，1988年出土于中国甘肃靖远县，此地为丝绸之路进入河西走廊的要隘，自古中外商旅络绎不绝。银盘高4.4厘米，直径31厘米，外面为流行于欧洲地中海地区的葡萄纹，间杂飞虫禽鸟等小动物。中央微微凸起部分为一位依兽而坐，手持权杖的男子。圆盘内底刻有铭文，为西方文字。这是一只东罗马时代的西方银盘，是通过丝绸之路进行中西文化交流的历史见证。

神人纹鎏金银盘

丫丫突然拽了拽卡尔叔叔的衣袖，小声地说道：“卡尔叔叔，既然这是我们国家的国宝，那怎么在这个希腊人的手里啊？我们要不要报警啊？”

“哈哈，这就不用你担心啦。”卡尔叔叔看起来很有自信，“既然是我们国家的国宝，那单凭这个小小的地摊商人是偷不到的。”

“那这个圆盘是哪里来的呢？”洋洋问道。

“估计是仿制品或者工艺品吧，毕竟是体现中国与希腊文化交流的精品‘文物’啊。”卡尔叔叔耸耸肩，说完便拉着两个孩子继续往前走。

“那就好，不过希腊文化传播得可真远。”丫丫边走边说。

“对啊，要不怎么说希腊是欧洲文明的源头呢。亚历山大大帝十分欣赏希腊文化，希腊文化也伴随着他东征的铁蹄传播到了欧亚大陆的东部，影响深远得很呀。”卡尔叔叔啧啧地说道。

知识链接

亚历山大大帝，是亚历山大帝国皇帝，也是欧洲古代著名的军事家和政治家。他雄才大略，能征善战，曾率军东征，一直打到今天印度河流域，建立了当时世界上面积最大的国家。在东征过程中，其喜爱的希腊文化也随军传播到各地，但是战争也给当地百姓带来了灾难。

亚历山大大帝

丫丫将双手轻轻地扣在胸前，闭着小眼睛，口中轻轻地念着：“希腊真是一个神奇的国家，悠久的文明，还有那么多神通广大的神仙，在众神的天空下生活的希腊人真是幸福啊。”说完，丫丫轻轻抚摸着在文物街购买的纪念品，那是一个小项链，晶莹剔透，据说戴着它的人会一直受到神的保佑。

告别了欧洲文明之源希腊，卡尔叔叔和孩子们又上路了，这一次他们向北前行。离开了地中海的怀抱，他们又会经历一番不一样的精彩。

课后思考

1 讲一个你所熟悉的希腊神话故事。

2 和同学谈一谈神人纹鎏金银盘的特点和历史价值，说一说这个银盘被视为国宝的原因。

第五课　玫瑰飘香，白雪皑皑：保加利亚和罗马尼亚

卡尔叔叔和孩子们一路向北进入了欧洲的内陆地区，来到一个新的国度。丫丫突然被一阵芬芳弄得鼻子痒痒的，这是到了什么地方，难道是到了天堂？

丫丫扒着窗户往外瞧，真是个美丽的国家啊！路边的河水缓缓流淌，干净清澈，远方的山脉起起伏伏，郁郁葱葱，空气中飘荡着一股特有的香气，即便是最挑剔的人也将陶醉于这花香之中。丫丫看看旁边的卡尔叔叔和洋洋，他们都在闭门养神，静静地感受着周围的一切。

上帝的后花园

“这里是保加利亚，”卡尔叔叔开口了，“有名的玫瑰之国。”

“玫瑰？这不是中国才有的花吗？”

“保加利亚位于巴尔干山麓，气候适宜，土壤肥沃，雨量适宜，玫瑰花就在这里开放了。”卡尔叔叔解释道，“其实保加利亚的玫瑰产业不过两三百年的历史，但是已经有‘玫瑰王国’的美誉了，玫瑰油的产量和出口量都是世界第一呢！”

“哇！好棒呢，如果能有一瓶玫瑰油做的香水，那我就要幸福死了！”丫丫开始做美梦啦。

“哈哈，可爱的丫丫。保加利亚的小城卡赞勒克可是名副其实的玫瑰城啊，全国四分之三的玫瑰都产自这里。几百年来，保加利亚的人们在这个狭小的峡谷中营造了大片的玫瑰园，并且从中提取被称为‘液体黄金’的玫瑰油，畅销海内外。每年的夏天人们都要在这里举办盛大的玫瑰节呢！”

卡尔叔叔的讲述已经勾起了丫丫的欲望，嚷嚷着要去玫瑰谷。而一旁的洋洋则在自言自语：“怪不得这里被称作‘上帝的后花园’，连上帝看到这美妙的景色都要流连忘返啊。”洋洋也陶醉在这眼前的美景和花香之中。

保加利亚玫瑰节

卡尔叔叔和孩子们一路欣赏着美景到达了保加利亚的首都索菲亚，这是一个略显陈旧却不失浪漫的城市。卡尔叔叔和孩子们走在路上，看到街上的行人很是惬意。清晨，索菲亚的年轻人要在撒有玫瑰花瓣的温水中沐浴；到了傍晚，相恋的男女手持玫瑰花，在酒吧、树下或河边相会。

然而卡尔叔叔和孩子们没有时间欣赏索菲亚的美景，他们马不停蹄地去了索菲亚历史博物馆，寻找丝绸宝藏的线索。保加利亚位于欧洲东部，黑海之滨，是古代丝绸之路的中转地，保留了相当多的历史文物。

在历史博物馆里转了一圈，卡尔叔叔和孩子们没有发现什么重要的线索，已经在欧洲好几个国家进行了探寻，但丝绸宝藏还是下落不明，孩子们难免有些失落。

“别灰心，孩子们！”卡尔叔叔鼓励道，“只要我们坚持寻找，一定能找到丝绸宝藏的下落。我们继续北上，去罗马尼亚看看吧。”

“罗马尼亚？那跟丝绸之路有什么关系呢？”洋洋都有点缺乏兴致了。

“罗马尼亚有一个小城，当时丝绸之路上的过往商旅，都要在那里停歇，说不定有丝绸宝藏的线索呢！”

最后的流浪者

马不停蹄，卡尔叔叔带着孩子们继续前进，来到了欧洲东南部的另一个国家罗马尼亚。罗马尼亚位于东欧、南欧交界地带，多元文化是这个国家的特点，所以卡尔叔叔和孩子们一路上遇到了来自世界各地、操着不同语言的乘客，大家在火车上有说有笑，十分热闹。火车穿行在苍松翠柏之中，轨道边是奔腾的溪流，山坡上不时有精巧别致的小楼闪过，看来罗马尼亚人都喜欢来这里度假休闲。

这时候火车经过一片村庄，路旁宽敞的房屋边却多了一顶顶的帐篷。

“卡尔叔叔，这些帐篷是干什么的啊？”丫丫手指着窗外的帐篷问道。

“这有什么，肯定是人家在露营呗。”洋洋毫不犹豫地回答道。

卡尔叔叔笑而不语，继续欣赏着窗外的美景。这种帐篷在农村很常见，而进入城市之后就消失了。这些帐篷到底做什么用的呢？

卡尔叔叔和孩子们跟随着人流刚刚从火车站出来，就被一群卖礼物的人们围住了，他们三五成群，长相奇特，不过非常有礼貌，温柔和蔼。他们向下车的游客们兜售小纪念品和鲜花，甚至还给颇有兴趣的游客算命。在他们身后铺着一张大的花布，上面摆着各式各样的小工艺品，有几个人在大声吆喝，招揽游客。

"卡尔叔叔，他们是什么人啊？竟然还光着脚。"丫丫观察到了这群与众不同的人。

"他们是吉普赛人，是欧洲的少数民族。天生喜欢过着漂泊流浪的生活，无拘无束，随心所欲，经常在欧洲各国之间穿梭。二十年前，他们还曾成群结队去往德国，德国警方对他们也十分头疼。"卡尔叔叔回答。

知识链接

吉普赛人，原住印度北部，现遍布世界各地，尤以欧洲为主。全世界一共有大约1200万吉普赛人，其中1000万左右分布在欧洲。吉普赛人一般生活在城镇和乡村居民区周围，寻求与其流浪生活相适应的生计。吉普赛人脸形上宽下窄，长眉毛，眼睛大，鼻梁高挺。他们擅长歌舞，有着自身独特的历史与文化。

吉普赛人

"真是群奇特的人呢。为什么他们这么喜欢流浪呢？"洋洋扭头问道。

"也许跟他们的历史有关吧。吉普赛人不是欧洲本地人，他们的祖先几个世纪前从印度漂泊而来，当时匈奴人在欧洲东部占据统治地位，吉普赛人便成为他们的奴隶。不愿受拘束的吉普赛人几百年来一直保持着流浪民族的传统，也没有固定的职业，更不愿定居下来。他们过着放荡不羁、逍遥自在的生活。"卡尔叔叔边说边拿起吉普赛人送上的一束鲜花欣赏。

“就像这朵鲜花一样，他们喜欢身着华丽的服装，赶着带篷的马车，携着锅碗盆勺四处流浪，车子走到哪里就吃到哪里，与天地为友。他们无论是碰到开心的事，还是遭遇困难，都要纵情歌舞。所以在街头时常看见一些吉普赛人伴随着刺耳的音乐，男女老少围在一起狂舞尖叫。而这与性格沉稳的罗马尼亚人似乎有些不协调，也成为罗马尼亚街道上一道别样的风景。”

“那我们在路上看到的那么多帐篷是不是也是吉普赛人的呢？”洋洋问道。

“没错，罗马尼亚政府为了让他们定居下来可费了不少心思，专门拨款给他们建造住房，把他们的小孩送去学校上学。然而除了少数人响应政府号召之外，大部分人还是难以改变流浪生活的习性，甘愿浪迹天涯。之前我们一路上看到很多村庄在高大的房屋旁边还有很多帐篷，现在你们知道原因了吧？因为吉普赛人宁愿把漂亮宽敞的房屋当作厨房，存放杂物，也要住在帐篷里。”

“这个民族果然与众不同。”丫丫看着在自己面前纵情歌唱的吉普赛人喃喃说道。

“用他们自己的话说，如果住进房屋，他们的生活将会失去光彩。”卡尔叔叔哈哈大笑，“这种生活态度也是蛮潇洒的啊！不过我们可没有吉普赛人的闲情雅致，我们还要寻找丝绸宝藏呢。”

“对了对了，差点把正事给忘了。我们接下来去哪儿呢？”洋洋一拍脑门。

“就在前面。”卡尔叔叔带着两个孩子大踏步向前走去。

丝绸之路挂毯

展现在卡尔叔叔和孩子们面前的是一座小巧的古城。远处的大山高耸入云，皑皑白雪覆盖在大山的身上，较缓的山坡上点缀着星星点点的不同颜色的小房子，在山的映衬下更显出这座城市的小。

“这是布拉索夫，人口只有几十万。罗马尼亚著名的古城。”卡尔叔叔简单介绍道。

“卡尔叔叔，那些五颜六色的小房子是做什么的啊？”丫丫指着远处山坡上各种颜色的房子问道。

“那是别墅啊，在这里连牧人和一般居民都住着精心设计的房子呢。”卡尔叔叔笑呵呵地回答。

“生活在这里真是幸福，难怪丝绸之路上的人们都要在这里休息。”洋洋心里惦记着丝绸宝藏。

三人在城内慢慢地走着，似乎太快的脚步会打破古城的宁静。路面由或明或暗的青石铺就，组成美丽的图案，走在上面感觉滑滑的。街道两边全是商店，没过多久，卡尔叔叔和孩子们来到了一座教堂面前。

“我的妈呀，这个教堂怎么看起来脏兮兮的？”丫丫抬头看着这座黑乎乎的教堂说道。

“这就是布拉索夫有名的黑教堂啊。”卡尔叔叔骄傲地说，好像在给丫丫和洋洋介绍自己的朋友。

知识链接

罗马尼亚黑教堂是东南欧地区最大的哥特式教堂。14世纪开始修建，修建时间持续了近100年，教堂结构匀称，建筑精美。公元1689年，布拉索夫城发生暴动，哈布斯堡王朝的驻军无力控制，驻军头目惶恐之下下令放火烧城。城内燃起大火，教堂难以幸免，木质结构被烧毁，石质墙壁被熏黑，故有“黑教堂”之称。

罗马尼亚黑教堂

这座教堂气势恢宏，大概有十几层楼高，高高的立柱顶在外面，上面还有各式各样的人像浮雕。

听完卡尔叔叔的讲述，孩子们都不由赞叹："这个黑教堂可真是神奇啊！"

"更神奇的还在里面呢！快进来看看。"卡尔叔叔拉着孩子们一个箭步走到了教堂之内。

"哇！真是开了眼界！"教堂内部的装饰使得孩子们惊叹连连，从没有见过这么壮观的景象。教堂内部四面的墙壁上都挂着色彩斑斓、图案奇异的挂毯，大小不同，形态各异。

布拉索夫黑教堂内部

"简直是一个挂毯博物馆！"洋洋从没见过这么多挂毯。

一位老者走过来，看着这群被眼前景象惊呆了的外国游客，慢慢地介绍道："自从中世纪开始，这里就已经是商业活动中心了。"

丫丫扭头看着老爷爷，不解地问道："这些毯子都是用来卖的吗？"

"哈哈，当然不是了，小姑娘，"老爷爷说道，"各国的商人从古老的东方贩卖货物，走丝绸之路经过大河谷来到布拉索夫，再从这里进入欧洲各地。商人们为了祈求上帝保佑，平安归来，每年来这里都会进献上一块挂毯。久而久之，就成了现在壮观的样子。喏，你看这里还有你们中国新疆的挂毯呢。"老爷爷说着用手指了指。

“原来这些毯子都是丝绸之路历史的见证啊！”洋洋看着这些挂毯，惊叹之余又有了几分敬畏，感谢这些商人们连接起了东西方的经济文化交流。

在教堂里，卡尔叔叔和孩子们仍然没有发现丝绸宝藏的下落，几百年来这里人来人往，加之教堂经历过几次大火侵袭，很难有什么有价值的线索留下来。

“下一步我们该怎么办，卡尔叔叔？”丫丫眨着大眼睛问道。

“收获颇丰，学到了不少知识，唯一的遗憾就是没有找到线索。洋洋觉得呢？”卡尔叔叔想听听洋洋的意见。

“嗯，这个嘛，”洋洋推推自己的眼镜，若有所思，“我们这一路上走过了伊比利亚半岛，意大利和希腊，今天又探索了保加利亚和罗马尼亚，都是在地中海沿岸的国家进行寻找。不如我们换个地方，从另一个角度入手。”

“从哪里开始呢？”卡尔叔叔和丫丫异口同声地问。

“这里！”洋洋用手指指着手中的地图，得意扬扬地说。

洋洋的建议是什么？卡尔叔叔和孩子们下一站将会去哪里？他们会找到丝绸宝藏吗？

课后思考

1 在地图上找到保加利亚和罗马尼亚的位置，说出两个国家的首都分别是哪里。

2 罗马尼亚和保加利亚都是自然环境十分优美的国家，你觉得我们应该如何做，才能让我们国家的环境更加美好。

第六课　绅士国度：英国（一）

卡尔叔叔和丫丫看向洋洋手指的地方，原来是英国！

“对，我们就去英国看看吧！”洋洋兴奋地说道。

“可是，英国与中国相隔那么远，丝绸宝藏怎么会在那里呢？”丫丫有点疑惑地问道。

“可以试一试，自古以来英国人就对遥远的东方十分好奇呢！”卡尔叔叔接受了洋洋的意见，拉着两个孩子的手往机场的方向走去。

传统与现代

在飞机上，卡尔叔叔在手提电脑上观看一部纪录片，两个孩子好奇地探过头来，看到电脑屏幕上出现了这样一个画面：

一个外国人站在中国的茫茫戈壁上，吟诵“劝君更尽一杯酒，西出阳关无故人”这句著名的诗句。

“这是英国历史学家威利斯，他曾重走丝绸之路，英国的电视台以此为素材制作了纪录片《丝绸之路》。”卡尔叔叔介绍道。

“他重走丝绸之路也是为了寻找宝藏吗？”丫丫问道。

“哈哈，不管是不是出于这个目的，这位历史学家的中国之行可谓满载而归啊，他临行前准备了一个空白的笔记本，等游历完丝绸之路后，笔记本已经被文字和照片填得满满的了！相信我们这次英国之行一定能收获更多。”卡尔叔叔满心期待地说道。

知识链接

英国全称为大不列颠及北爱尔兰联合王国，由英格兰、苏格兰等4部分组成，简称英国。英国处在欧洲西北部，位于大不列颠群岛，本土孤悬海外，与欧洲大陆遥遥相望。英国是最早开始工业化的国家之一，经济发达，文化多元。它在19世纪到20世纪前期是世界上最强大的国家，在全球建立了广泛的殖民地，号称“日不落帝国”，但经过两次世界大战后，英国已今不如昔，不过仍然在全世界范围内有着巨大的影响力。伦敦是英国的首都，是欧洲最大和最具国际特色的城市。

“快看快看，伦敦到了！”说话间卡尔叔叔和孩子们乘坐的飞机已经抵达伦敦希思罗国际机场，他们马上要踏上英国的土地了。

伦敦是一个传统与现代并存的城市。矗立在泰晤士河边的国会大厦，高高耸立，喜迎八方来客。位于钟塔上部的大本钟，已经为伦敦人民精准报时 150 多年，悠扬的钟声穿破了历史的迷雾，传到世界各地。

卡尔叔叔和孩子们在泰晤士河边漫步，感受着这座曾经的工业城市的厚重。

“那边是伦敦塔桥。”卡尔叔叔指着河面上一座庞然大物说道，“也已经有一百多年的历史了。”

“如果我们乘船从泰晤士河进入伦敦，首先映入眼帘的就是这座塔桥，所以有人称之为

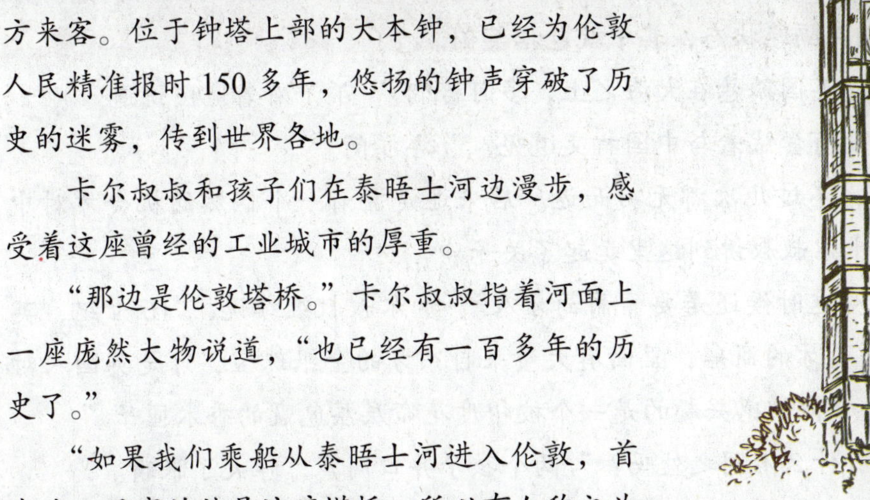

伦敦塔桥

‘伦敦正门’。”卡尔叔叔向洋洋和丫丫介绍道。

从伦敦塔桥向南望去，则是众多现代建筑，在河流两岸，传统和现代有机地融合，不时有音乐人在河边的走廊上轻轻唱起各式风格的歌曲。卡尔叔叔和孩子们已经沉浸在这座美丽的城市中了。

“卡尔叔叔，看着这么美丽的城市，这么彬彬有礼的人们，谁会想到历史上英国人经常侵略他国，到处建立殖民地呢？”丫丫有点难以理解。

“侵略与被侵略毕竟只是历史的一部分，要知道在很早的时候，英国人对中国可是充满了幻想与羡慕呢！”卡尔叔叔说道。

“真的吗？那您快给我们讲讲吧！”洋洋对中英交往史产生了兴趣。

香木匣子

三个人在街边的一家小店坐下，卡尔叔叔开始向孩子们讲述英国与中国交往的历史。那是一个很长的故事，很早之前，西方的英国人对古老的东方中国一无所知。

“去葡萄牙和西班牙的时候，我们就已经知道：随着地理大发现，葡萄牙和西班牙率先兴起，成为海上强国，控制了海上贸易。但是其他欧洲国家与东方国家仍处于相互隔绝状态，其中就包括英国。”

“对啊，你看英国孤悬在大海之上，多可怜啊。”丫丫看着地图说道。

“那英国有没有尝试着与中国打交道呢？”洋洋问。

“当然有了，不过几次都无功而返。后来还是靠着一个偶然的机会才对中国有所了解。”卡尔叔叔讲到这里卖起了关子。

“怎么办呢？这时候还是要靠葡萄牙人。”卡尔叔叔继续说，“16 世纪，英国截获了一艘葡萄牙的商船，里面有大量来自东方的金银珠宝，可是英国人对此并不感兴趣，让他们感兴趣的是一个被印度花布层层包裹的香木匣子。”

“这个匣子有什么不同之处吗？”两个孩子异口同声，睁大了眼睛。

“打开这个匣子，英国人开心极了。因为这里面有一本书，正是介绍东方国家的，其中就有中国的文字。后来英国一位叫作哈克卢特的地理学家根据这本书写成了《英国航海、旅行和地理发现全书》，向广大英国人介绍了富庶的东方各国，英国人终于通过一个历史的巧合了解了地球另一端的人类和文明。”

“那这个地理学家是怎么介绍中国的呢？”丫丫好奇地问道。

“他在书中说啊，中国非常富有，有着数不胜数的金银珠宝，超过了其他的东方国家；中国还有许许多多的能工巧匠。”卡尔叔叔自豪地说道，“当时的英国人对中国元素可谓推崇备至，比如有的英国家庭中家具的样式都是中国风格的；有的人直接从中国购买；有的人将漆板运到英国再加工；还有的直接将家具运到中国本地进行加工。”

最后，卡尔叔叔又不忘教育孩子们：“因为中国的富有，所以当时有些贪婪的英国人来到中国掠夺财富。但是我们要知道绝大多数的英国人对中国人都是尊重和友好的。”

洋洋和丫丫赞同地点点头。来到伦敦之后，他们切身感受到了英国人的绅士风度。

中国瓷器

三个人继续往前走着，熟悉的事物多了起来。身边出现了很多中国字和中国风情的装饰，原来他们来到了唐人街。伦敦作为国际化大都市，许多华人华侨在此生活工作。洋洋和丫丫看到熟悉的面孔和文字，顿时变得活泼起来。

伦敦唐人街

卡尔叔叔和孩子们走进了一家瓷器店，里面的商品漂亮精致、形式各样，洋洋和丫丫好奇地看看这个，瞧瞧那个。店主人是一个中年妇女，是华人后裔，其家族一直是做瓷器生意的。

“我姓陈，来自广州。”她自我介绍说，“我们家一直以来都是从事瓷器贸易行业。”

“您好，陈女士。请问您的家族是因为怎样的机缘巧合而从事瓷器行业的

呢？英国人对中国瓷器有多大兴趣呢？”卡尔叔叔礼貌地问道。

“哈哈。”陈女士笑了笑，似乎她经常被问到这种问题，随后说道，“广州很早就有从事海外贸易的人，加上距离江西景德镇比较近，因此逐渐发展成为瓷器贸易的中心。我们那边很多人都从事这个行业。而且英国人对来自广州的瓷器非常喜爱，他们称广州是‘东方的伦敦’。”

听着陈女士的讲解，孩子们感到非常骄傲。洋洋翻开一本介绍中国瓷器的书，问道：“陈阿姨，这本书上介绍的瓷器价格都非常昂贵，英国的老百姓买得起吗？”

知识链接

广州与中国瓷器。中国在18世纪的100年中销售到欧洲的瓷器多达6000多万件。作为瓷器贸易重镇的广州，在英国人心中地位一直很重要，部分西方商人称之为“东方的伦敦”。18世纪英国商人、旅行家威廉·希克曾这样描述广州：“当你到了这个城市之后，发觉到它的景色是引人入胜而美丽如画。宏伟而新颖的建筑，经常使外来人感到惊奇。珠江上船舶运行忙碌的情景，就像伦敦桥下的泰晤士河。”

“真是个勤学好问的孩子！”陈女士表扬道，“最初的时候，中国的瓷器主要收藏在贵族手中，英国的玛丽女王就是一位中国瓷器的行家里手。18世纪的美国旅行家迪福曾在他的回忆录中记载：‘在宫殿里陈设许多中国瓷器是女王的习惯，有时候甚至达到惊人的程度，在家具的顶上也堆放着架子，这些架子上都是价格不菲的中国瓷器。’”

“欧洲贵族的确热衷于中国的瓷器，以此来表明其自身的高贵。”卡尔叔叔说道。

“18世纪以后，中国瓷器才得以进入寻常百姓家。”陈女士说着，拿出一副略显破旧的画来，卡尔叔叔和孩子们睁大了眼睛才依稀看清画中的内容，是众多家庭主妇在码头上奔跑。

“打开这个匣子，英国人开心极了。因为这里面有一本书，正是介绍东方国家的，其中就有中国的文字。后来英国一位叫作哈克卢特的地理学家根据这本书写成了《英国航海、旅行和地理发现全书》，向广大英国人介绍了富庶的东方各国，英国人终于通过一个历史的巧合了解了地球另一端的人类和文明。”

“那这个地理学家是怎么介绍中国的呢？”丫丫好奇地问道。

“他在书中说啊，中国非常富有，有着数不胜数的金银珠宝，超过了其他的东方国家；中国还有许许多多的能工巧匠。”卡尔叔叔自豪地说道，“当时的英国人对中国元素可谓推崇备至，比如有的英国家庭中家具的样式都是中国风格的；有的人直接从中国购买；有的人将漆板运到英国再加工；还有的直接将家具运到中国本地进行加工。”

最后，卡尔叔叔又不忘教育孩子们：“因为中国的富有，所以当时有些贪婪的英国人来到中国掠夺财富。但是我们要知道绝大多数的英国人对中国人都是尊重和友好的。”

洋洋和丫丫赞同地点点头。来到伦敦之后，他们切身感受到了英国人的绅士风度。

中国瓷器

三个人继续往前走着，熟悉的事物多了起来。身边出现了很多中国字和中国风情的装饰，原来他们来到了唐人街。伦敦作为国际化大都市，许多华人华侨在此生活工作。洋洋和丫丫看到熟悉的面孔和文字，顿时变得活泼起来。

伦敦唐人街

卡尔叔叔和孩子们走进了一家瓷器店，里面的商品漂亮精致、形式各样，洋洋和丫丫好奇地看看这个，瞧瞧那个。店主人是一个中年妇女，是华人后裔，其家族一直是做瓷器生意的。

“我姓陈，来自广州。”她自我介绍说，“我们家一直以来都是从事瓷器贸易行业。”

“您好，陈女士。请问您的家族是因为怎样的机缘巧合而从事瓷器行业的

呢？英国人对中国瓷器有多大兴趣呢？”卡尔叔叔礼貌地问道。

“哈哈。”陈女士笑了笑，似乎她经常被问到这种问题，随后说道，“广州很早就有从事海外贸易的人，加上距离江西景德镇比较近，因此逐渐发展成为瓷器贸易的中心。我们那边很多人都从事这个行业。而且英国人对来自广州的瓷器非常喜爱，他们称广州是‘东方的伦敦’。”

听着陈女士的讲解，孩子们感到非常骄傲。洋洋翻开一本介绍中国瓷器的书，问道：“陈阿姨，这本书上介绍的瓷器价格都非常昂贵，英国的老百姓买得起吗？”

知识链接

广州与中国瓷器。中国在18世纪的100年中销售到欧洲的瓷器多达6000多万件。作为瓷器贸易重镇的广州，在英国人心中地位一直很重要，部分西方商人称之为“东方的伦敦”。18世纪英国商人、旅行家威廉·希克曾这样描述广州：“当你到了这个城市之后，发觉到它的景色是引人入胜而美丽如画。宏伟而新颖的建筑，经常使外来人感到惊奇。珠江上船舶运行忙碌的情景，就像伦敦桥下的泰晤士河。”

“真是个勤学好问的孩子！”陈女士表扬道，“最初的时候，中国的瓷器主要收藏在贵族手中，英国的玛丽女王就是一位中国瓷器的行家里手。18世纪的美国旅行家迪福曾在他的回忆录中记载：‘在宫殿里陈设许多中国瓷器是女王的习惯，有时候甚至达到惊人的程度，在家具的顶上也堆放着架子，这些架子上都是价格不菲的中国瓷器。’”

“欧洲贵族的确热衷于中国的瓷器，以此来表明其自身的高贵。”卡尔叔叔说道。

“18世纪以后，中国瓷器才得以进入寻常百姓家。”陈女士说着，拿出一副略显破旧的画来，卡尔叔叔和孩子们睁大了眼睛才依稀看清画中的内容，是众多家庭主妇在码头上奔跑。

“她们为什么要跑呢？”丫丫不解地问道。

“她们在追赶着去买瓷器，去晚了就买不到了！”陈女士自豪地解释道，“据记载，当时英国的东印度公司运送中国瓷器的货船一靠岸，英国妇女们就会蜂拥而至，争相抢购。英国作家艾迪生曾写道：‘妇女们常常为打破一只中国瓷器而伤心落泪，可见她们喜爱此物的程度。’”

“哇，想不到我国生产的瓷器竟如此受外国人追捧呢！”洋洋和丫丫开心地说道。

“是的，我们家好几代人都从事瓷器贸易行业，就是因为英国人一百多年来对中国文化、中国产品有着源源不断的需求。”陈女士从历史聊到了现在。

临走之前，陈女士向两个孩子赠送了瓷器模型作为礼物，洋洋和丫丫都非常高兴，不断地抚摸着手中精致的小瓷器，把这小瓷器视为中国与英国和平交往的象征。想到这里，两个孩子紧紧地把瓷器握在了手中。

唐人街上还有其他很多中国风格的店铺，卡尔叔叔和孩子们边走边看，感受着异国他乡的祖国味道。

“哐啷啷，哐啷啷……”

突然一阵清脆的铃声吸引了卡尔叔叔和孩子们的注意，到底是什么东西发出了如此清脆的声音呢？卡尔叔叔和孩子们在伦敦唐人街又会有着怎样的经历呢？

课后思考

1 英国的首都伦敦是一座现代与传统并存的城市，2012年举办了伦敦奥运会。根据你的了解，你觉得伦敦是一座现代还是传统的城市？请说出理由。

2 英国女王非常喜爱中国的瓷器，如果让你选择一件能够代表中国特色的礼物送给英国女王，除了瓷器之外你会送什么？请说出你选择它作为礼物的理由。

第七课 绅士国度：英国（二）

卡尔叔叔和孩子们听到清脆的声音，回头一看，原来是一家店铺屋檐下挂着的一个风铃发出来的。不过这风铃却不同寻常，首先它所在的店铺不像周围店铺那样光鲜亮丽，而是入口昏暗，装饰简陋，使人毫无进去一逛的欲望。其次是这风铃也和一般的风铃不同，用来发出声响的是一个个灰绿色的圆块，中间钻了一个孔串起来。这家店真是与众不同啊。

洋洋和丫丫盯着这个奇怪的风铃看了好久好久，也没想明白这家店的老板为何要做这样一个风铃。为了一探究竟，卡尔叔叔和孩子们决定进入这家店看看。

店铺内部的装饰风格跟外面的一样，灰暗阴沉，各种杂物堆积在一起，只留下一条狭窄的过道通向屋内。走在昏暗的店铺中，屋外风铃的声音反而显得愈发清脆。

“你们似乎走错地方了。”一个浑浊的声音突然从过道的尽头传来。

“是这样的，我们看到门外的风铃很特别，所以想进来了解一下。”卡尔叔叔牵着两个孩子的手，一字一句地回答道。

“哦？你们很感兴趣？那就让我来给你们讲讲吧。”远处传来有人起身的声音。

流落异国的国宝

“吧嗒——”

屋内的灯被打开，这时卡尔叔叔和孩子们才能够仔细观察这家店的模样。这是一家破旧的古董店，各种旧式古董横七竖八地堆放在地上，有的物品上落着一层厚厚的尘土，看来是很长时间没人光顾了。

慢慢走来的是这家店的主人，一位腿脚不便的老者，透过厚厚的老花镜端详着面前的三个人。

“你们对门外的风铃感兴趣？”

“是的，我们从未见到过这样的风铃。”

“那你知道它是什么做的吗？”

“不知道，是破旧的金属片？”

“哈哈，有人曾用大把的钞票跟我换这几个破片子。”

卡尔叔叔和孩子们越听越觉得神奇，这几个破旧的金属片到底有什么来头呢？

老者示意卡尔叔叔和孩子们坐下后，回到了自己的破旧的桌子后面，浑浊的目光望着屋外，缓缓地回忆起曾经的过往。

英国人对东方的向往由来已久，在他们眼中东方是一个富庶的地区，有着无数的宝藏。一百多年前，一个叫斯坦因的英国探险家到了中国新疆，他此行的目的是寻找传说中的于阗的蛛丝马迹。据说这个国家曾堪比欧洲的罗马帝国、查理曼帝国，生命力极其旺盛，文明悠久而神秘。在探险的过程中，他经过两条被洪水冲刷的土沟，在这附近当地村民经常能够淘到很多碎陶片、古钱币。这个现象给了斯坦因灵感，他认为脚下也许就是古国的遗址，后来历经沧海桑田，把文明埋在了地下。斯坦因在这个地方发掘了数百枚古钱币，其中两百多枚是罕见的和田马钱！和田马钱极其珍贵，除了斯坦因发掘的两百多枚外，全世界其他地区收藏的加起来也不超过一百枚，而绝大多数不在中国国内。

知识链接

斯坦因，世界著名的考古学家和探险家，曾四次考察中亚地区，其中中国的新疆和甘肃是其考察重点。他在考察中发现的吐鲁番文物是当今研究敦煌学必不可少的史料，因此他被称为国际敦煌学的开山鼻祖。不过，斯坦因的探险工作是在劫掠我国珍贵文物的基础上完成的，1907年和1914年斯坦因先后两次掠走我国莫高窟中文物一万多件，如今这些宝贵的文物仍然流落海外。

斯坦因

和田马钱，西域钱币的一种，学名为“汉佉二体钱”，是公元1—3世纪于阗国自行铸造和发行的一种钱币。这种钱币是东西文化的合璧，用汉文与外文两种文字书写，表示面值。因为钱币中心是一匹马或者骆驼的形象，故习惯称之为“马钱”。钱币为圆形的薄片，再经打压印上文字和图案，这种铸钱手法可以追溯到古希腊时期。

和田马钱

和田淘金热吸引了一批又一批考古爱好者前往中国寻找文明的遗迹，古董店老板就是其中之一。他一直居住在茫茫大漠之中，一住就是三个月，终于有一天他也发掘了几枚珍贵的和田马钱，这让他欣喜异常。然而回到英国后，却是另一番景象，由于和田马钱极为珍贵，许多人便借此炒作，以此发财，知道老人拥有和田马钱之后，经常有人来骚扰。他本来只是一个古钱币爱好者，掘到古币后打算对和田马钱进行研究，但这样的骚扰让老人难以忍受，一气之下将古钱币破坏后做成风铃挂在门外，自此门前冷落，古董店也一天比一天冷清了。

老人讲完自己的故事，门外的风铃还在清脆地响着，似乎在应和着老人的话。

“这就是我和和田马钱的故事。”老人缓缓说道，“本来是属于中国的文物，现在绝大部分却在其他国家，不得不说是一个遗憾。”

“这种现象一定会越来越少的，因为人们对于文物的保护和研究已经越来越重视了。我们一定会把老祖宗留下来的遗产保护好的。”卡尔叔叔听完老人的讲述，感慨道。

老人听完之后，露出了笑容：“和田马钱的铸造方法和中原地区不同，钱币上有中外两种文字，它很好地印证了丝绸之路上各个民族互相交流、文化相融的历史事实。”

听完老人的话，卡尔叔叔点点头：“也希望您能继续坚持古钱币的研究，为中西文化交流做出更多贡献。”

古董店的老人似乎很久没有说这么多话了，也很久没有这么开心过了。他哈哈大笑，乐此不疲地跟孩子们讲述着自己研究古钱币的乐趣，屋内不时传来朗朗的笑声，与门外风铃的响声相互应和着，就像在演奏一首美妙的乐曲。

不到长城非好汉

汽车奔驰在英格兰中部的公路上，卡尔叔叔和洋洋、丫丫丝毫没有疲惫之意，他们刚刚结束在伦敦的探索，得到了一个惊人的消息：原来英国也有长城！

“这是真的吗？这是真的吗？”洋洋和丫丫一路上都在重复着这个问题，年幼的他们无论如何也想不到遥远的英国竟然也会有长城。

汽车停在了英格兰北部的一处公路旁，起起伏伏的山坡上有一座用石块堆积的城墙，断断续续有一百多公里。城墙不高，也就一两米左右，而且都是建筑在平地上，有的地方已经是残垣断壁，可以轻松上到城墙上面去。

“这应该就是英国的哈德良长城。”卡尔叔叔对照着地图说道。

“感觉好短啊，我们中国的长城有一万多里呢！”丫丫有点失望。

知识链接

公元43年，罗马军队入侵不列颠，占领了英格兰地区，之后难以向北推进，而北方的苏格兰人屡次进犯罗马帝国的占领地。公元122年，罗马帝国哈德良皇帝来到不列颠巡视，下令在英格兰和苏格兰的边界修建长

哈德良长城

城，以保卫罗马帝国的占领地。哈德良长城横跨不列颠岛东西海岸，全长73英里，耗时6年建成。长城上建有城堡、塔楼和要塞等防御设施。1987年，哈德良长城被列为世界文化遗产。

“而且有的地方就是石块堆啊，一点也不雄伟。”洋洋补充道。

“这只是英国长城的遗址啦，虽然没我国长城那般雄伟，但是在哈德良长城兴建之时，城墙都用灰泥粉刷，高度也有四五米高呢。”卡尔叔叔耐心地为孩子们介绍着哈德良长城。

正说着，这时候来了一群身穿绿色荧光服的志愿者，他们三五成队，相隔一段距离，在长城边停了下来。

卡尔叔叔和孩子们走过去好奇地看着他们，他们装备齐全，随身还带有一个煤气罐。

“这是做什么的呢？”洋洋指着煤气罐问道。

“这是我们的一个志愿活动，晚上的时候我们将从东海岸开始，依次点亮连着煤气罐的火把，形成一个接力。”志愿者回复道。

“哇哦，这不就像我们古代的狼烟吗？”洋洋激动地说道。

志愿者在哈德良长城点起“狼烟”

“狼烟是什么啊？”丫丫还是一头雾水，完全搞不懂为何做饭用的煤气罐会和狼烟联系起来。

“古代烽火台上的士兵在观察到敌情之后，点燃木柴或者动物粪便，用产生的烟雾来传递信号，这种烟雾信号就是‘狼烟’。”卡尔叔叔解释道。

“是的，我们在模仿中国古代狼烟传递情报的景象。”看到对面的是中国人，志愿者解释道，“今天晚上附近的住户都会关闭灯光，从而使得火焰的传递更加醒目。这是我们和来自中国学校的学生互相了解彼此文化的一种方式。你们也参与进来吧！”

“好耶！”洋洋和丫丫爽快地答应了志愿者的邀请。两个孩子就像古代烽

火台上的哨兵一样，一个注视远方，仔细观察着“风吹草动”，一个辅助安装设备，时刻准备点起“狼烟”，传递信号。

卡尔叔叔在一边笑呵呵地看着，望着数百里的英国长城，感受到了中英两国的文化差异。过去长城是抵抗外族入侵的防御工程，如今变成了不同文化背景下的人们互相了解、加深交往的工具。

参加完在哈德良长城的接力活动，卡尔叔叔和孩子们的英国之旅结束了。他们走过伦敦，感受现代工业文明的魅力；登上哈德良长城，了解英国悠久的历史。英国这个世界上曾经最强大的国家，如今虽然由于各种原因已不复当年，但是英国文化仍然有着很强的影响力，在未来，中华文明和英国文明也一定能碰撞出新的火花。

课后思考

1 用自己的话讲一讲和田马钱的故事。

2 你去过万里长城吗？根据课文中关于英国长城的介绍，谈一谈你对中英两国长城的认识。

第八课　香根鸢尾之国：法国（一）

英吉利海峡连接着英伦三岛和欧洲大陆，是世界上最忙碌的海峡之一，每天有成千上万的船只往来于海峡两岸。卡尔叔叔和洋洋、丫丫乘坐在其中一艘游轮上，他们的目的地是海峡的另一端——法国。

“孩子们，你们看，前面就是法国了。你们对法国了解多少呢？”卡尔叔叔问道。

“我知道，法国被称为‘高卢雄鸡’，比赛里大家都这么称呼法国队。”身为足球迷的洋洋率先说道。

“那你知道为什么法国被称为‘高卢雄鸡’吗？”卡尔叔叔追问道。

看着洋洋尴尬的样子，卡尔叔叔摸摸洋洋的头，解释道：“因为在古罗马时代法国人生活的地区被称为高卢，而高卢在拉丁语里又是雄鸡的意思，所以我们称呼法国为‘高卢雄鸡’。”

“哇！原来是这样啊！”两个孩子听了豁然开朗。

“呜呜呜——”汽笛响起，卡尔叔叔和孩子们乘坐的游轮到达了法国码头。来到法国之后，鲜艳的花朵随处可见，尤其一种紫色的花十分特别，就像翩翩起舞的蝴蝶。

“那是法国的国花，鸢尾花，所以法国又被称为‘香根鸢尾的国度’呢。”卡尔叔叔望着一片片的鸢尾花说道。

知识链接

法国国花是鸢尾科的香根鸢尾，它体大花美、婀娜多姿，与百合花非常相似，以至于很多人误认为法国国花为百合花。鸢尾花作为法国国花的说法不一，其中一种说法是：法兰西王国的国王克洛维在受洗礼时，上帝送给他一件礼物，就是鸢尾。在法国，鸢尾是光明和自由的象征。著名画家梵高曾以此为素材创作出名画《鸢尾花》。

法国国花鸢尾花

天生异乡人

“在这个世界上，有些人天生喜爱云游四方，天生就是异乡人。”来到法国之后，卡尔叔叔口中不断吟诵着这句诗。

“这是法国诗人谢阁兰的《异域情调论》，今天我们要去谢阁兰的家乡——布雷斯特，一座迷人的海滨城市。如果说布列塔尼亚是法国西部伸出的一只手，那么布雷斯特就是它的手指。”卡尔叔叔伸出了自己的手，向孩子们介绍道。

知识链接

谢阁兰（1878—1919），法国著名诗人、作家、汉学家和考古学家，其一生与中国密不可分。作为一名法国海军军医，他曾长期旅居和多次游历中国，对中国文化有着深入的体察和丰富的感知，并以此为灵感创作出大量的诗歌、散文、小说。他的文学作品基本上都是在中国酝酿或完成的，被称为“法国的中国诗人”。

谢阁兰

为什么初到法国的卡尔叔叔他们要先去谢阁兰的故乡呢?

因为这位谢阁兰是法国著名诗人，与古老的中华文化有着不解之缘。据说他去世前几个月仍在抱病写作《中国的石雕艺术》，他留下了两百多万字的作品，其中关于中国的将近半数。

“他热情讴歌中国文化，很多法国人一提及中国便想到谢阁兰，他已经成为法国人心目中中法交流的象征。”站在谢阁兰故居门前，卡尔叔叔感慨道。

这是一间略显简陋的木屋，鸟语花香，面朝大海，几乎满足了一个诗人创作灵感的所有要求。然而谢阁兰对大海无感，他感兴趣的是相距万里之遥的东方文明，自24岁在美国接触到了中国的砚台、墨汁、京剧后，便一发不可收拾，1909年，他索性踏上了开往东方的海轮。

“这个叫作谢阁兰的诗人真是伟大啊，有这么好的居住环境，却去往万里之外的中国，要是我的话可不愿意放弃法国的悠闲生活。”丫丫感受着周围惬意的环境，似乎有些难以理解谢阁兰的举动。

“所以你永远成不了伟大的诗人咯。”洋洋把双手背到头后，半开玩笑地说道。

“哼！那你也成不了诗人，你看谢阁兰多么伟大，不光在文学上，而且在医学、考古学上也对中国有很大贡献呢。”丫丫噘起小嘴，好像不太服气。

“我才不要做诗人，我的理想是做一名科学家。”洋洋赶紧为自己辩解道。

“好啦好啦，你俩不要争吵啦。”卡尔叔叔赶快过来圆场，“不管以后做什么，

都要像谢阁兰一样保持探索精神，培养坚毅的品格，这样才能做出伟大的贡献啊。”

两个孩子听到卡尔叔叔的话，感觉很有道理，就不再争吵。

“我们不在这里说了，小心吵到谢阁兰。”卡尔叔叔带领孩子们参观完，离开了故居。

回去的路上，丫丫还在思索：“谢阁兰为什么那么喜爱中华文化呢？也许就像卡尔叔叔念的那首诗一样，谢阁兰就是一个天生的异乡人，与生俱来有一种对外部世界的好奇吧。”

“卡尔叔叔，法国人对中华文化的痴迷，一定还有其他的原因吧？”洋洋认真地问道。

“当然了。不光谢阁兰，其实在好几百年之前，法国人就对中国十分向往了呢！”卡尔叔叔颇为自豪地说道。

流浪的野人

“什么？！流浪的野人？法国人竟然认为自己是流浪的野人？”洋洋和丫丫听完卡尔叔叔的介绍后大吃一惊。

听着卡尔叔叔一路上的讲解，他们一行三人已经逐渐深入到法国腹地，这里风景秀丽，天朗气清，进入城市，街道整洁，高楼耸立，简直如人间天堂一般。美妙的感受让洋洋和丫丫实在无法理解为什么法国人会认为自己就像生活在森林里的野人。

“卡尔叔叔，您快给我们解释一下嘛。”丫丫拽着卡尔叔叔的衣袖，撒娇地说道。

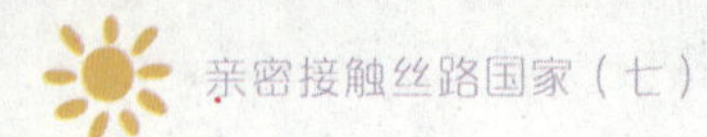

“哈哈，现在的法国是欧洲经济最发达的国家之一，但是在几百年前，中国比法国更富有呢！”卡尔叔叔回答道。

顿了顿，卡尔叔叔继续说道：“17世纪的时候，中法两国已经有了较为频繁的交流。比如我国的康熙皇帝曾经赠给法国国王路易十四49册图书，路易十四也曾专门派遣专家到中国了解天文、植物和医学等知识。”

“我知道路易十四，他是法国历史上非常有名的国王，在位时间超长，还使法国成为欧洲霸主。”经常读书的洋洋对路易十四也很了解。

“对的，他是一名出色的政治家和统治者，同时他对中国文化也十分痴迷。路易十四曾经创办公司，到中国定制标有法国甲胄纹章的瓷器。17—18世纪的法国宫廷贵妇无论冬夏都手拿中国产的折扇。法国贵族家中的园林都争相模仿中国亭台楼阁，法文中的‘盆栽’一词就是汉语‘盆栽’的拼音。”卡尔叔叔说起来滔滔不绝。

“既然路易十四对中国文化这么痴迷，他一定收藏了很多来自中国的宝贝，那我们就去凡尔赛宫看看呗。”洋洋提议道。

“对啊对啊，说不定能发现丝绸宝藏的下落呢！”丫丫听了顿时来了兴趣。

说走就走，卡尔叔叔和孩子们决定去往凡尔赛宫，一睹曾经盛极一时的皇家宫殿，感受数百年前法兰西贵族的气派生活。

法国凡尔赛宫

凡尔赛宫位于法国巴黎西南方向的凡尔赛镇，是法国乃至全世界著名的宫殿。法国国王路易十四在这里修建了恢宏的宫殿，放置了大量的金银珠宝，供皇室贵族享乐。凡尔赛宫的建筑十分高大气派，外面是宽阔的景色优美的花园，显示出极强的皇家风范。

“要知道，在最早的时候这里只是一片森林和沼泽地呢。”卡尔叔叔望着规整的大花园感叹道。

“这些建筑都是路易十四时期建造的吗？”洋洋扭头问卡尔叔叔。

“从路易十四的父亲开始，这里就被作为法国国王的行宫了，只不过在路易十四时期这里的奢侈程度得到了很大的提升。据说在凡尔赛宫全盛的时期，居住在这里的王孙贵族、侍从仆人约有4万人呢！”

“哇哦，那这里一定有很多珍贵的宝物吧？”丫丫问道。

“进入宫殿内你们就可以见识到啦。”卡尔叔叔和孩子们穿过长长的绿茵道，开始进入宫殿内参观。凡尔赛宫的建筑都非常高大，人走在其中显得十分渺小。

“果然气势非凡啊，虽然之前我在书上看过凡尔赛宫的介绍，但是看到这

凡尔赛宫内部

些精致的雕刻、油画，我真的被惊到了。”洋洋推了推自己的眼镜。

“这就叫百闻不如一见！”卡尔叔叔望着宫殿内数不胜数的宝物说道，“不过我们恐怕是逛不完所有的宫殿了，而且据说曾经藏有中国瓷器的特里亚农宫也不在了。”

“这个特什么的宫是做什么的？”丫丫从没有听说过这个名字。

“过去在欧洲，中国的瓷器非常受欢迎，由于价格昂贵，所以只有贵族才有机会拥有中国的瓷器。有的皇子用中国瓷器喝汤，成为当时的新闻；有的皇帝结婚的时候还专门去其他国家购买中国的瓷器，路易十四也不例外。他专门在凡尔赛宫修建了特里亚农宫，用来珍藏中国的青花瓷器，并且还在建筑风格上模仿中国的‘南京瓷塔’。另外宫殿中的整套家具也都采用中国的漆制家具。”

凡尔赛宫内部装饰金碧辉煌，以此来彰显贵族生活的奢侈。卡尔叔叔指着几件皇室的生活用品，对孩子们说道：“看到了吗，孩子们？尽管路易十四拥有这么多昂贵精致的物品，但是他仍然非常喜爱中国的瓷器，可见中国瓷器在欧洲人心目中的地位有多重要。”

“卡尔叔叔，既然法国有这么多珍贵的宝物，为什么法国人还认为自己是流浪的野人呢？”洋洋似乎对最开始的问题仍然不太理解。

“哈哈，洋洋你还记得呢。”卡尔叔叔笑着说，“其实这句话是大文豪伏尔泰说的。东游归来的传教士带来了大量关于中国的消息，这引起了很多大文豪的关注，使他们对中国产生了浓厚的兴趣。经过研究，伏尔泰认为中国是‘举世最优美、最古老、最广大、人口最多和治理最好的国家’。”

“哇，这个评价太高了。”丫丫大吃一惊。

“嗯嗯，所以伏尔泰就半开玩笑地说自己国家的人是生活在森林中流浪的野人咯。”卡尔叔叔终于说出了“野人”的来历。

“其实中国和法国在文化上都有很多的优点，法国人的很多方面也值得我们中国人学习呢。”洋洋认真地说道。

“哼！我可不觉得雪拉同有什么好看的！”突然一个浑厚的声音传来，明显是冲着卡尔叔叔和孩子们说的。卡尔叔叔和孩子们的对话到底惹怒了谁呢？

课后思考

1　找一首法国诗人谢阁兰的诗来读一读，感受他对中华文化的热爱。

2　路易十四是法国历史上有名的君主，他被法国人民称为历史上最伟大的国王之一，号称“太阳王”，他一生致力于扩大法国的疆土，成功地使法国成为当时欧洲最强大的国家和文化中心。在 17、18 世纪，法语是欧洲的通用语言。根据以上材料，谈一谈你对路易十四的看法。

第九课　香根鸢尾之国：法国（二）

听到身后不满的声音，卡尔叔叔和孩子们以为自己说错了什么话，赶紧转过身去。

面前的是个中年男人，身材高大，两只眼睛深深地陷在眼窝里，身披一件大衣，好像一棵高大的树干。

“不好意思，刚才我们的聊天打扰到您了吗？”卡尔叔叔首先表示歉意。

高大的男人依然像树干一样矗立在那里，深陷的眼睛中看不出他到底因为什么而生气。孩子们显得有些手足无措。

“哼！那些雪拉同都是糟糕的东西，放在宫殿里只是在炫耀国王的奢侈，应该统统砸掉！”高大的男人说着挥了挥双手。

“哎哟，我说亲爱的，你这是怎么了？”一个尖细的声音突然从男人身后响起，就像枯萎的树干长出来一朵鲜花一样。

“雪拉同”与“海底小猪”

身后走来的是一个身材高挑的女郎，长发披肩，妩媚动人。她来到卡尔叔叔和孩子们面前，笑呵呵地说道：“不好意思啊，中国的朋友，这是我丈夫，他一直对‘雪拉同’很有意见。”

“不过我们都不知道‘雪拉同’指的是什么。”卡尔叔叔和孩子们异口同声地说。

“这可是个蛮有意思的故事呢。早在17世纪的时候，法国有一位著名的小说家，名叫杜尔夫，在他的作品《牧羊女司泰来》中，主人公的名字就叫作雪拉同。雪拉同经常穿着一件非常时髦的斗篷，而这个斗篷的颜色据说和中国运往巴黎

的瓷器的颜色很像，走在路上十分惹人注目。于是法国人就习惯地把来自中国的瓷器叫作‘雪拉同’。”长发女郎用她那充满魅力的嗓音说道。

中国瓷器

“原来如此，看来法国人还挺有幽默感的呢。”丫丫笑着说道。

“还有更幽默的呢，小姑娘，看你白白胖胖的，这个瓷器的称呼正好适合你呢！”长发女郎弯腰冲着丫丫说道。

“什么，瓷器的名字跟我有什么关系啊？”丫丫刚才展露的笑容顿时又藏在了脸颊后面。

“在葡萄牙人口中，中国瓷器可是叫作‘海底小猪’哟！啊哈哈哈。”长发女郎忍不住笑了起来。这个特别的称呼也引得卡尔叔叔和洋洋哈哈大笑，气氛马上缓和了不少。

知识链接

“海底小猪”是葡萄牙人对中国瓷器的一种称呼。在葡萄牙伊莎贝拉女王时代的王室财产清单中，只有瓷器是所有珍宝中最令人垂涎的。葡萄牙人非常喜爱瓷器光洁的样子，联想到南欧海底一种叫作“小猪”的动物的皮，便将令人垂涎的瓷器称作“海底小猪”。

洛可可时代

卡尔叔叔把她拉到一旁小声问道："夫人，冒昧地问一下，为何您先生对我们谈论'雪拉同'会如此恼怒呢？"

"嗨，早就习惯了。"长发女郎收敛笑容，把胳膊往空中一扬，"他是一个非常传统的作家，对国外的东西概不喜欢。"说完白了一眼身旁的丈夫。

高大的男人一直听着妻子和卡尔叔叔他们聊着中国瓷器的事情，似乎忍耐已经到了极限，这时候突然提高嗓音说道："不管是'雪拉同'，还是什么'海底小猪'，我认为法兰西的文明才是最完美的！你看那几个白花花的瓶子，脆弱不堪，留着有何用？"

"这位叔叔，我觉得您说的不对。"丫丫不知道哪里来的勇气，向前一步冲着面前的高大男人说道。

"叔叔，无论是法国人还是中国人，都是这个世界的一分子，创造了各自国家的文明。我们来法国之前还去了葡萄牙、意大利、英国等好多欧洲国家，见识了各不相同的文明，开阔了眼界，我觉得不同文明之间应该彼此尊重，而不能有偏见。"丫丫一口气说了很多话，说完气喘吁吁的。

"是的，这位先生，"看到丫丫发话，洋洋鼓足勇气也上前表明自己的态度，"我们在课本上学习过法国的历史和文化，对法国人民的聪明才智非常佩服。同样的，几百年前的法国人也很向往中华文化，您应该听过那首法国诗歌吧：'来

啊，观赏这件瓷器，吸引我的是它的绚丽。它来自一个新的天地，从未见过如此优美的艺术。多么诱人，精致超俗，来自中华，它的故土。’正是不同文化的互相学习、交流，才有了五彩斑斓的文明。”

“说得好！孩子们，卡尔叔叔为你们感到高兴。”卡尔叔叔看到两个孩子出口成章，不卑不亢的表现，非常开心，“这位先生，您热爱您的国家和文化这没有错，可是您不能因此而贬低其他民族的文化。几百年来，中国的艺术品进入到欧洲社会，以其精巧雅致、柔和细腻的风格独树一帜，和古典的严谨匀称风格大不相同，因此也得到了法国社会的普遍认可，从贵族到平民都很喜爱。”

“何以见得？明明都是贵族享乐的玩具。”高大男人仍然固执己见。

“我想您应该知道法国的马丹家族吧，他们在欧洲以制造漆器闻名，尤其是他们模仿的中国的花鸟漆器最受大众欢迎。在那个年代，不仅仅是漆器，中国特色的轿子、折扇、刺绣等都传播到了欧洲，中国的丝织品曾是上层社会妇女显贵身份的象征，甚至做广告都以中国元素来扩大影响力。可见中法两国的文化可以互相交融，产生新的活力呢！”

“这就是洛可可运动。”长发女郎终于发话了，“博大精深的中华文化在各个领域都影响了欧洲社会，法国当然也不例外，当时风靡一时的中国热就被称为‘洛可可运动’。”

知识链接

洛可可运动，也可称作“罗柯柯运动”，是指17、18世纪的欧洲，从王室到民间，出现一场异乎寻常的使用中国商品、收藏中国艺术品的热潮。“罗柯柯”在法语中本来是假山石的意思，引申为中国味的新时尚。中华文化像上帝的启示一样吸引着欧洲人的目光，以至于伏尔泰曾说：“人们现在对中国比对欧洲地区还要熟悉。”

这时候长发女郎转过身来，微笑着对卡尔叔叔和两个孩子说：“感谢你们，来自中国的朋友，给我们上了一堂精彩的难忘的历史课！”

“我是个作家，但对中国历史一知半解。”高大男人咽了口唾沫接着说道，“不过，我尊重历史，谢谢你们！”

小家伙们顿时欢呼起来，因为这个固执的高大男人终于被说动了！

高大男人和长发女郎手挽着手离开了，望着两人离去的背影，之前如枯木般矗立的树干，现在看起来就像一片重新焕发生机的森林，花鸟环绕。

离开凡尔赛宫的路上，两个孩子仍然难以抑制内心的激动，他们为自己今天的勇敢表现而感到自豪，两个孩子争相重复着今天各自的“台词”。当然最开心的莫过于卡尔叔叔，这一次来法国真的不枉此行，两个孩子都变得勇敢、成熟起来了。不过丝绸宝藏似乎仍然杳无音信，卡尔叔叔和孩子们收拾心情，下一站又将去哪里寻觅它们呢？

课后思考

1 你觉得“雪拉同”和“海底小猪”哪一个称呼更符合中国瓷器的特点？

2 如果你是当时的法国贵族，你会喜欢中国瓷器吗？为什么？